中国基础教育高质量发展丛书

总主编◎陈如平

教师专业发展改革

高慧斌 ◎著

山东友谊出版社

·济南·

图书在版编目（CIP）数据

教师专业发展改革 / 高慧斌著. —济南 ： 山东友
谊出版社，2022.2（2022.9重印）
（中国基础教育高质量发展丛书）
ISBN 978-7-5516-2486-2

Ⅰ.①教… Ⅱ.①高… Ⅲ.①中小学—师资培
养—研究 Ⅳ.①G635.12

中国版本图书馆CIP数据核字（2022）第027287号

教师专业发展改革
JIAOSHI ZHUANYE FAZHAN GAIGE

责任编辑：王　晶
装帧设计：刘洪强

主管单位：山东出版传媒股份有限公司
出版发行：山东友谊出版社
　　　　　地址：济南市英雄山路189号　邮政编码：250002
　　　　　电话：出版管理部（0531）82098756
　　　　　　　　发行综合部（0531）82705187
　　　　　网址：www.sdyouyi.com.cn
印　　　刷：济南乾丰云印刷科技有限公司

开本：710 mm×1 000 mm　1/16
印张：10.5　　　　　　　　　　字数：189千字
版次：2022年2月第1版　　　　　印次：2022年9月第2次印刷
定价：68.00元

目录

第一章

教师专业发展的理论回顾

　　教师专业发展理论专家学者多有论及，其内涵包括教师信念、教师情感、教师知识和教师能力四个方面，并随着教师内在专业结构的不断丰富而完善；其外延包含教师生涯理论、教师倦怠理论和教师赋权增能理论（朱旭东语）。基于教师专业发展理论的复杂性，本书去繁就简，在理论层面主要简述教师专业发展的基本概念与发展历程。

第一节　教师专业发展的概念

教师专业发展的概念前人研究颇为丰富，理论专家和实践教育家们多有论及，国外学者霍伊尔、佩里、迈克尔·富兰、利伯曼也等曾提出相关理论，如，佩里认为"教师专业发展意味着教师个人在专业生活中的成长，包括信心的增强、技能的提高、对所任教学科知识的不断更新拓宽和深化以及对自己在课堂上为何这样做的原因意识的强化"[1]。我国学者叶澜、钟启泉等都对此有过论述，其中叶澜指出教师专业发展是"教师的专业成长或教师内在专业结构不断更新、演进和丰富的过程"[2]。

一、教师专业发展的基本内涵

专业是教师专业发展的基本概念。所谓专业，学界普遍认为，是指一群人在从事一种需要专门技术之职业，这种职业需要特殊的智力来培养和完成，其目的在于提供专门性的社会服务。

由此可知，教师首先是项专门职业，同时，教师职业是一种专业。"教

---

[1] 蒋竞莹.教师专业化及教师专业发展综述［J］.教育探索，2004（4）：104.

[2] 叶澜.教师角色与教师发展新探［M］.北京：教育科学出版社，2009：226.

师职业的专门化既是一种认识，更是一个奋斗的过程；既是一种职业资格的认定，更是一个终身学习、不断更新的自觉追求。"[1]

教师这一专门职业是在人类社会三次大分工中逐步形成的。教师的职业活动是一种普遍的社会现象，具有社会功能，具有传播知识、传播思想、传播真理，塑造灵魂、塑造生命、塑造新人的职业重任，被誉为"太阳底下最崇高的职业"。

教师职业作为一种专业，以掌握系统的专业知识和专业技能为前提，按照科学的理论和技术行事。一方面，教师的职业道德、专业知识和专业技能是教师专业的内核，其发展需要接受长期的系统的专业培养和培训。教师培养主要在大学里完成，培训则形式多样，既有专门的教育机构组织的培训，又有所在学校内部组织的培训，其主要目的就是不断地丰富教师的专业知识，不断地提高教师的专业能力。另一方面，教师职业作为一种专业，具有教师资格制度、定期注册制度、职业道德规范、教师专业标准等专业规则。

二、教师专业化与教师专业发展

提及教师专业发展就会让人想到教师专业化，广义而言，教师专业化与教师专业发展是相通的，均指不断加强教师专业性的过程。但狭义而言，教师专业化主要是基于社会学的视角，主要强调教师群体的、外在的专业性发展的过程，其关注群体性的特征主要源于专业化历史发展的取向。强调教师专业化，其重心在教师群体，对教师群体内部而言，需要制定专业的标准和规范，要求教师不断提高对社会的专业服务水平；对社会而言，

[1] 袁振国.教师队伍建设的成功策略[N].中国教育报，2002-7-20（4）.

要不断改善教师的工作条件，提高其经济地位。教师专业发展则更多地基于教育学的视角，更多地"以人为本"，强调教师个体专业化的提升，强调发展是教师专业的一种常态。两者类似于"他律"与"自律"，在促进教师专业成长的过程中，教师专业化和专业发展缺一不可，脱离个体专业发展的群体专业化是无源之水，脱离专业化的专业发展则不具有持久性。尤其对于教师专业发展起步较晚的国家，更需要通过教师专业化关注教师群体的专业标准和规范的制度建设，进而更好地促进教师个体的专业发展。

第二节 国内外教师专业发展的进程

随着现代学校系统的产生，教学内容的不断丰富，教育活动的日益复杂，教育规范程度的不断提高，职业教师出现了。知识传授的专业性要求教育者必须同时掌握所教授学科的知识和有关教育的专门知识，教师职业的专业化逐渐被认同。教师职业从专职到专业的发展过程，是现代教育发展的必然要求，也是现代学校教育的重要标志。"特别是自20世纪中叶以来，确认教师职业的专业性，推进教师专业化进程，提高教师从业标准，进而提升教师教育质量成为许多国家和国际组织的共同追求。"[1]

一、国际组织教师专业发展的理念与目标

1946 年，美国召开了世界教育专业会议（World Conference of the Teaching Profession），中国近代教育家常道直代表中国教育学会参加该会议。该会议商讨了五项议题，其中有两项议题直接关联教师专业化，即"规划全社会教育专业之组织"与"起草关于教师地位的决议"。会议商讨成立"世界教育专业组织"，确定以"增进全世界教师之专业地位"为

---

[1] 李晓强.对义务教育教师职业保障制度的思考［J］.人民教育，2009（9）：14.

该组织宗旨之一。此次会议通过了如下决议："教育专业人员首需在经济、社会和专业上获得完满之地位，然后世界的教师们方能协同推行联合国教育科学文化组织之主旨。本此理由，本会特建议于联合国教科文组织及其会员国家，即行筹计一提高各国教师地位之世界全盘计划，并促进其知能的、物质的、社会的和公民的权益"。[1]这是相对较早通过会议的形式提出的以建立教育专业组织和明确教师地位来促进教师专业化的举措。

1955年，世界教育专业组织在土耳其伊斯坦布尔召开会议，率先强调建立完善的教师专业组织，为教师争取更多的权利和更高的社会地位。这次会议效推动了教师专业组织的形成与发展。1966年，联合国教科文组织与国际劳工组织在法国巴黎召开"教师地位之政府间特别会议"，通过了《关于教师地位的建议》，首次以官方文件形式对教师专业化作出明确说明，指出："应把教育工作视为专门的职业，这种职业要求教师经过严格地、持续地学习，获得并保持专门的知识和特别的技术。"[2]1975年，联合国教科文组织第35届国际会议通过《关于教师作用的变化及其对教学专业的职前教育、在职教育的影响的建议》，强调教师职前培养和在职培训统一的必要性。这种统一的结果便是教师培养终身化。1996年，第45届国际教育大会的主题为"加强变化着的世界中的教师作用"，再次强调教师在社会变革中的作用，提出"在提高教师地位的整体策略中，专业化是最有前途的中长期策略"，并"主要通过实施高水平的初期师范教育和终身职业的专业发展，创设多样化的以适当的评价体系为支撑的职业结构，以及提高教师的物质和社会地位，来提高教师专业化"。[3]这次会议是国际组织推进教师专业发展的一个里程碑。

---

[1] 常道直.世界教育专业组织与国际和平［J］.教育杂志，1947，第32卷第1号.

[2] 单中慧.教师专业发展的国际比较［M］.北京：教育科学出版社，2010.2.

[3] 赵中建主译.全球教育发展的历史轨迹——国际教育大会60年建议书（1934—1996）［M］.北京：教育科学出版社.1999：535.

1963 年《世界教育年鉴》以"教育与教师培养"为主题，1980 年以"教师专业发展"为主题，两次关于教师的不同议题，揭示了教师专业化不断深入的历史进程，也表明教师专业发展越来越受到关注，对深刻理解教师专业发展概念、在教育实践中如何有效促进教师专业发展起到进一步的推动作用。

1996 年，国际 21 世纪教育委员会向联合国教科文组织提交的报告《教育 —— 财富蕴藏其中》强调："在教育青年不仅满怀信心去迎接未来，而且以坚定和负责任的方式亲自建设未来方面，教师的贡献是至关重要的……教师在培养积极的或消极的学习态度上也起着决定性的作用。他们应激发好奇心，培养自主能力，鼓励思考的严谨性，并为正规教育和继续教育的成功创造必要的条件。教师作为变革的因素，在促进相互理解和宽容方面，其作用的重要性从未像今日这样不容置疑。这一作用在 21 世纪将更具决定意义。"[1] 这段陈述清晰地指明了教师在 21 世纪的重要地位和作用，成为 21 世纪教师专业发展的根本动力。2003 年，联合国教科文组织亚太教育局、国际劳工组织等在泰国清迈联合举办了主题为"实现全民教育目标，提高教师地位和专业性"的东南亚国家政策行动论坛，发布《东南亚地区"实现全民教育目标，提高教师地位和专业性"政策行动与社会对话》报告，提出：通过提高教师工资与福利、提升教师职业声誉、改善教师工作条件、减少教师工作量、优化教师性别比来提高教师地位，通过制定专业标准、提高专业准入标准、关注教师专业发展、提供专业指导、促进信息沟通与专业互动、加大专业宣传力度提升教师专业性。这一区域性的提高教师地位和专业性的行动，有效推动了东南亚各国出台政策和计

---

[1] 联合国教科文组织总部中文科译.教育 —— 财富蕴藏其中 [M].北京：教育科学出版社，1996：134.

划，并投入资源来支持和促进教师专业发展。

1974 年，经济合作与发展组织（OECD）（以下简称经合组织）召开了一个研讨成员国教育的会议，会议发布报告《教师的政策》，涉及"教师怎样促进学生个性的发展，学校如何适应社会，教学活动的变化，教师的工作状况，需求的变化，师范教育的新标准等" [1]，旨在通过政策的推进，实现教师专业发展。自 20 世纪 90 年代以来，经合组织的教育司每年出版《教育概览：经合组织指标》，其中涉及对教师教育方面的相关指标数据，旨在评估教师政策推进情况。21 世纪以来，随着教育全球化的深入推进，各个国家面临的挑战也越来越多，教师的重要性日益突显，教师成为教育改革和发展的主体，教师教育成为教育改革和发展的突破口。为了让所有教师都能有效地进行教学，2005 年，经合组织发布报告《教师问题：吸引、培养和留住有效的教师》，进一步提出通过实施相应的教师政策不断提高教师教育质量，并确保教师有一个获得成功的良好工作环境，以此鼓励合格的教师继续教学。2011 年 3 月，为了培养更多高质量教师，经合组织以及其他一些组织召开首届"教师专业国际峰会"，11 月，发布《建设高质量的教师专业：来自世界的经验》，该报告从重视职前准备、教师专业发展、改进教师评估、鼓励参与改革者四个方面出发，分析阐述了当前世界各国的一些较为具有特色的教师教育改革措施和策略。这四个方面从总体上都是对教师专业发展的表述和推进，这其中更专门提到了教师专业发展，指出：有效的专业发展需要持续进行，包括培训、实践和反馈，并提供足够的时间和后续支持；教师发展需要更全面地与学校和教育系统的发展目标相结合，更密切地与实践和反馈实践成果以及学校评估成

[1] 孙屏鹤译.《教师的政策》——"经济合作发展组织"的报告 [J].国外社会科学文摘.1985（8）: 43.

果相联系。此后，经合组织每年都会以教师专业的不同主题，会同其他国家和组织共同举办教师专业国际峰会，如 2013—2018 年间，在第三届、第六届和第八届峰会中，分别以"教师质量""教师专业化发展：创造优质教学环境，实现最优学习成果""教学专业是教育任务的核心"为主题，探讨了教师专业标准、教师评价、实现教师专业化发展的可能性与机制、社区中心的学校、未来的教学中教师如何创新、教师的幸福感等诸多问题。

二、美国、英国、日本教师专业发展的历程

在 20 世纪中叶开始兴起的教师专业化运动中，美国、日本、英国等国家走在教师专业发展的前列，通过实施一系列举措和策略有效推进了教师专业的发展。

（一）美国

美国的教师专业发展虽然起步较早，但由于当时国际组织乃至世界各国都处于摸索前行阶段，所以，其对教师成为专业人员、教师的专业性的明晰是从 20 世纪七八十年代的研讨会、协商会、大学课程等探讨中开始的，并通过教师专业组织的引领和推进，以及联邦政府的政策支持和倡导，将教师专业发展落到实处。尤其在 20 世纪 80 年代，美国教师教育领域面临重重危机，以促进教师专业发展为核心的教育改革拉开序幕。

教师专业组织推进美国教师专业发展是从 20 世纪 80 年代开始的，1983 年，美国国家教育优异委员会发表《国家在危急中：教育改革势在必行》，在针对教师的重要性中提出："改进师资的培养，或者使教师工作成为报酬更高且更受人尊敬的职业……应该要求准备任教的人达到高的教育标准，表现出从事教学的性向，表现出在某一门学术性学科上的能力。应该根据其毕业生达到这些标准的情况来评判提供师资培训计划的学院和

大学。"[1]1985年，美国南部地区教育委员会发布《改进教师教育适用于高等教育和中小学的议程》，影响甚微。1986年，卡内基教育和经济论坛发表《准备就绪的国家：21世纪的教师》，提出：美国的经济成功取决于更高的教育质量，而取得更高教育质量的关键则是建立一支与该任务相适应的专业队伍，即一支经过良好教育的师资队伍。此报告还建议"建立全国专业教学标准委员会改组学校，为教师提供一个良好的教学环境；改组教师队伍，在学校中推出一种新型教师（名为'领导教师'，他们在重新设计学校课程及帮助同事提高专业水平和教育质量方面显示出领导的作用）；建议废除教育学士学位；使教师的薪金和职业晋升能够与其他专门职业的人员的薪金和职业晋升相匹配等"[2]。同年，卡内基财团组织"全美教师专业标准委员会"研制《教师专业化基准大纲》，该大纲在专业职责、专业品质、专业能力等方面对教师的专业化基准提出了明确要求。[3]

1986年、1990年、1995年，霍姆斯小组连续发布《明日之教师》《明日之学校：专业发展学校设计之原则》和《明日之教育学院》三个系列报告，三个报告侧重点不同，但都为美国教师专业化寻找方向和道路，如《明日之教师》强调"教学专业化"，以"专业生涯阶梯"为核心概念，通过不同的教育或培训要求，给予不同的专业职称和不同级别的待遇，将教师明确划分为教员、专业教师、终身专业教师。《明日之学校：专业发展学校设计之原则》明确专业发展学校（Professional Development School，简称 PDS）的6条原则，即为了理解的教和学，创建一个学习共同体，为每一个儿童提供平等的教育，促使教师、教师教育家和管理者继续学习，对教和学进行长期的反思和探究。《明日之教育学院》的7个目标是："使

[1] 瞿葆奎主编，马骥雄选编.美国教育改革[M].北京：人民教育出版社，1990：611-612.

[2] 赵中建.美国80年代以来教师教育发展政策述评[J].全球教育展望，2001（9）：72-78.

[3] 裴跃进.美国《教师专业化基准大纲》的解读与启示[J].外国中小学教育，2009（11）：32.

教育学院为了可信赖的行为而对教学专业和社会公众负责；使中小学和社区中的研究、发展和优质学习的展示成为教育学院的主要使命；使明日的教育学院同地方、州、国家的专职人员相联系以符合更高的标准；确认不同教师的作用的相互依赖性及其共同特征，并为团队工作及共同理解以学生为中心的教育作好准备；为使教育学院成为专业化研究和学习的更好场所培养领导人才；为那些服务儿童和青年的教师而将教育学院的工作集中在专业知识和技能上；要为州和地方的教育决策作出贡献，因为这些决策让所有学生有机会从高度合格的教师那里进行学习。"[1]

美国联邦教育政策对教师专业化的明确支持见于 1994 年发布的《2000 年目标：美国教育法》，其中在针对教师专业化的目标中明确规定：加强教师的培养与专业发展，到 2000 年，国家的教师队伍应找到持续提高其职业技能的途径，并抓住机会，不断获得新的知识和技能，以使美国学生为下个世纪做好准备。1997 年，美国教育部将教师专业发展列为未来教育施政的 7 大优先项目之一，并通过改善教师的招募与培养计划挽留新教师、倡导建立严格的师资标准、改善专业进修、加强学校领导、支持相关研究进行与推广、提高公众对教师素质的认识 6 项举措推进教师专业发展。20 世纪末以来，教师专业发展成为推进美国优质教育的重心。从 2002 年开始，美国教育部每年向国会递交《迎接优质教师的挑战：关于教师质量的部长年度报告》，2006 年的报告提出"教师质量是学生学业成就的关键"，突出了教师质量的重要性。2012 年，美国教育部启动实施"尊重项目"，提出了转化教育职业的 7 个关键要素，即"建立一种责任感和领导权共享的文化；吸引顶尖人才，并为其成功做准备；实现教师和领导持续的成长和职业的发展；支持教师和校长专业成长的有效评价系统；创建薪酬丰厚的

---

[1] 赵中建. 美国 80 年代以来教师教育发展政策述评 [J]. 全球教育展望，2001（9）：72-78.

职业生涯连续体；为教学和学习成功创造条件；发展共同参与的社区"[1]。

"尊重项目"力图重塑教师职业的地位，使教师职业获得社会的尊重，增强教师职业的吸引力，加强教师的专业发展和合作交流。

此外，健全的评估体系有效推进了美国教师的专业发展，一方面建立了全国教师教育认定委员会（简称 NCATE），承担教师教育评估工作，其宗旨是依据认可标准对师资培育单位的质量提供专业判断，鼓励师资培育单位不断改进质量。NCATE 曾先后于 1987、1995、2000 年修订标准，用于初始师资培养、高等师资培养；另一方面是教师资格认定，美国的教师资格认定早在 19 世纪就已经建立起来，包含三个层次：入学认定、初任执照认定、续任执照认定，各州可依据实际情况自行决定。其中，NCATE 在 2000 年 5 月修订的鉴定和认可教师教育机构的《2000 年标准》，参考了美国州际新教师评估和支持联合体制定的教师证书标准，将先前标准中多达 20 类的要求简化为现有的 6 个标准项目，即"候选人的知识、技能和意向，评估系统和机构评价，教学实习和临床实践，多样性，教师资格、成绩和专业发展，机构的管理与资源。这一新的鉴定认可标准已将鉴定的重点从内容转向内容实施后的结果，即教师候选人的专业知识和教学技能"[2]。

以上可以看出美国在教师专业化发展的过程中，更为重视教师对学科专业知识的掌握，通过成立专业发展学校，加强与中小学的伙伴合作，并不断提高教师的待遇、改善其工作条件，以期招收优秀青年修学教师课程，进而把教学变为更值得从事的和受人尊敬的职业，体现了对教师基本需要的高度重视。

[1] 朱淑华，邹天鸿，唐泽静.美国教师专业发展的"尊重项目"及其启示[J].外国教育研究，2013（9）：28-34.

[2] 袁振国.中国教育政策评论 2002 [M].北京：教育科学出版社，2002：229-248.

（二）英国

早在 19 世纪 40 年代，英国已建立了私立的教师训练学院专门培训教师。20 世纪初期，国家已完全取得了对教师教育的控制，中小学教师培养开始由师范院校培养向大学培养转化。

第二次世界大战后，教师短缺成为制约英国提高教育质量的关键。1947 年，英国成立了第一批"地区师资培训组织"，旨在使大学成为各地区师资培训组织及牵头者，以此加强教师教育与大学的联系，提高师资培训质量。1963 年，英国高等教育委员会发布《罗宾斯报告》，提出将"地区师资培训组织"改为"教育学院"，实施四年制教育硕士学位课程，旨在强化教育学院和大学在学术和业务上的联系。20 世纪 60 年代末，英国亦掀起了一股教师专业化的热潮，对中小学教师的录用提出明确规定：事先未受教师教育的大学毕业生，在任教前必须接受教育培训。虽然此规定还不等同于现代意义上的教师专业发展，但可以说是英国教师专业发展的萌芽。

20 世纪 80 年代以来，英国对教师的培养和培训开始转向以促进教师职业的专业化为核心内容的活动。1985 年，英国政府发布《把学校办得更好》白皮书，提出"在职培训对教师职业发展有重要作用，所有教师都需要定期接受这种培训"。教师专业发展成为当时英国政府教育政策的重要议题之一。此后，英国政府接连公布了十多个具有法律效力的文件，如：1987 年制定了《教师薪资与条件法》，规定了教师的薪资及基本条件；《1988 年教育改革法》规定了中小学实施全国统一课程，其目的是为教师提供详细、准确的目标，帮助教师把工作重点放在使每个儿童获得最好成绩上；1989 年出台的《教师证书制和教师试用期制度》、1992 年颁布的《教师职前训练改革》均提出促进教师专业发展，提高中小学教师基本素养，进而提升中小学教育质量；《1993 年教育法》进一步明确规定"实施对教师的评估制度"。2000年，英国政府发布了一份关于教师专业发展的咨询文件，该文件指出，教师专业发展应该反映以下三个不同层面的需要：教师个体的需要、学生的发展需要、学校的发展需要。2001年，英国政府颁布《教学与学习：专业发展战略》。该文件指出，应该给予教师更多相关的、集中的和有效的专业发展，将专业发展置于学校改革的中心地位，以此提高教育质量。2004年，英国宣布实施推进教师专业发展计划，给予每个教师改进他们课堂实践的机会，使教师能够在他们所选的领域发展自己的专业技术，在工作中不断获得学习的机会。在《2005年教育法》和《2006年教育法》中，为了达到学生能够高质量发展的教育需求，也为了学校发展的诉求，"不仅规定了学校教师的专业发展，同时规定了学校职员的专业发展，这一规定将提升教师质量的师资训练机构——教师训练局改名为'学校培育与发展规划署'，不仅修正了绩效管理的规定，更强调了教师持续专业发展的影响"[1]。2007年，学校培训与发展署制定出台《教师专业标准框架》，"将教师划分为五个层级——合格教师、核心教师、熟练教师、优秀教师和高级技能教师，建构了一套完备的教师专业发展指标和评价制度"[2]。2012年，又进一步修订标准，并发布《教师标准——给学校领导、职员和管理机构的指南》，对教师的专业价值进行概述，并对教师教学提出要求，提出个人和专业行为的准则。2016年，英国教育部又根据当时的形势，修订发布《教师专业发展标准》和《教师专业发展标准——给学校领导、教师和教师专业发展提供者的应用指南》，分别从教师、学校领导和教师专业发展提供者的角度给出了促进教师专业发展的指导性意见。

---

［1］ 薛忠英.英国中小学教师专业发展的政策探究：演进、行动与借鉴［J］.教育理论与实践，2014（2）：26-29.

［2］ 宁莹莹.英国教师专业发展标准的形成、特点及启示［J］.教学与管理，2018（21）：119-121.

英国的教师专业发展处于世界领先地位，这得益于英国始终将教师专业发展作为提高教育质量的关键，不断根据形势对教师专业标准进行修正，以制度化的标准引领教师专业发展，以学校为实践基地践行专业标准，教师在自我诊断和反思中，通过与其他教师合作来实现持续的专业发展。

（三）日本

日本是高度重视教育发展的国家，而其对教师的重视正是使教育成为日本政治、经济、社会发展的脊骨的原因。虽然其教师专业发展起步较晚，但发展很快。尤其第二次世界大战后，日本专门成立教育刷新委员会（1952年改名为"中央教育审议会"），着手将封闭型的师范教育体系改革为在综合大学和单科大学设置教育学科，各级教师均由四年制大学培养。1949年颁布相关教师立法，其中《教师许可证法》明确规定：欲取得教师资格证者，必须要接受过"一般教育""专门教育""专业教育"三部分组成的教育专业专门培训，考试合格者，才能获得各级教育委员会颁发的教师许可证。《教育公务员特例法》则规定教师属于公务员，且需不断努力研究和进修。

1966年日本政府发布《关于教师地位的建议》，对日本教师专业化影响很大，"教师职业专业性"的观点很快在日本得到普遍认同。1971年，中央教育审议会通过的《关于今后学校教育的综合扩充的调整的基本措施》，提出教师职业需要极高的专门性，强调应当加强教师的专业化。1975年，基于联合国教科文组织《关于教师作用的变化及其对于教师的职前教育、在职教育的影响的建议》所强调的教师职前培养和在职培训相统一的必要性，日本修订了《教育公务员特例法》。日本教师的培养逐渐成为由职前教育、教师入职辅导和教师在职教育三个发展阶段组成的一个连续过程。

进入20世纪80年代，随着教师专业化运动的深入推进，日本更加注

重教师专业技能的培养。"从 1984 年到 1987 年教员养成审议会相继发表
4 次咨询报告，在第四次报告中提出：对新任教师，培养其实际的教学能
力和责任感；为使其具备更广阔的见识，实行任用后为期一年的新任教师
进修制度，并将教师的试用期由 6 个月延长为 1 年。"[1]1987 年，教员
养成审议会提交《关于提高教员资质能力的方策》的报告，首次提出了"教
师专业标准"，教师专业标准主要包括："以教书育人为使命，热爱教育
事业，具备良好的职业道德修养，遵循学生身心发展的特点和成长规律，
具备学科知识、教育理论与教育实践等专业能力。"[2]1989 年，文部省
修改《教师许可证法》，把原来的普通许可证由两个等级改为三个等级，
即一种许可证、二种许可证和专修许可证，并设置"特别许可证"，发放
给那些具有实际工作经验、教师任用考试合格的人员，有效期为 3～5 年。
同年，"文部省启动实施为期 1 年的新任教师进修制度，主要是培养新任
教师适应实际教学工作的能力，帮助他们掌握必需的实际知识与技能，弥
补在培养教育阶段欠缺的实践能力，指导他们将教育理论应用到教学实践
中去，进而学会发现问题和解决问题"[3]。

　　20 世纪 90 年代，日本教师专业发展着重强调一体化养成，并重视培
养教师专业情感和专业精神。1997 年，教职员养成审议会出台了提高教职
员素质的具体方案，指出现代社会教师理想形象应包括两个方面：一是作
为教育者的使命感。对人类成长、发展的深刻理解，对儿童的教育之爱，
学科专门性知识，广泛而丰富的教养以及相应的实践指导能力。二是教师
的具体素质……这些素质包括：对地球、国家、人类的正确理解；从价值

[1] 陈永明.中日两国教师教育之比较[M].上海：华东师范大学出版社，1994：120-130.
[2] 刘艳艳，孙翠香，张蓉.日本教师专业标准历史变迁分析及启示[J].教育理论与实践，2013（21）：
　　17-19.
[3] 朱宁波，张志宏.日本教师专业发展特征的嬗变[J].辽宁师范大学学报，2004（2）：65-68.

多样化的国际社会到本国的地域、历史、文化所应有的理解和尊重的态度。[1]1998 年，文部省再次修订《教师许可证法》，进一步开放教师培训体系，规定只要经文部省批准的大学即可进行培训，使更多教师获得中学等级的证书。与此同时，为了应对 21 世纪瞬息万变的知识世界，该法还提出增加"综合实践""计算机应用""外语交际"和"教学的重要性"四门新课程。1999 年，为了使每个教师个体的专业化水平真正得到提升，教员养成审议会递交《关于培养、任用、研修的顺利合作》，提出改进大学毕业生获得教师任用资格的选考方法，增加大学推荐、教育实习评价、爱好特长等考核项，并增加计算机应用和外语考试，教师任用资格考试方式更灵活。这一报告进一步强调在一体化培养教师的过程中，不断完善各项制度，并开始侧重强调教师个体素质的提升，促进教师个体专业化水平的提高。

新世纪以来，日本在教师专业性发展中，确立了 21 世纪教师具有业务专长和丰富的个性这一教师教育理念，推进教师专业发展不断地重构、进化、创生，有效地促进了教师队伍的专业化和教师个体的专业发展。2005 年，文部省在《创造新时代义务教育》的报告中对 1997 年《新时代教师培养改革方案》中的教师专业标准进行了补充修订，并在之前的基础上提出了作为教师应具备的三个核心要求，即强烈热爱教育工作、优秀的思想道德修养和过硬的专业技术能力。从 2006 年到 2008 年，日本提出建立适应教师自主性研修的支援体制：一是 2006 年教员养成审议会提出改革大学教师培养课程，开展"教育实习"，重点锻炼教师从事教学工作的实践能力；二是更新教师资格证制度，2007 年文部省修订《教师资格更新制》，规定"教师资格证的有效期为 10 年，在此期间教师必须通过 30 个小时的研修，不能

[1] 李昕，田张霞.日本教师专业发展的特点与启示——关于日本教师形象的研究[J].师资培训研究，2005（4）：57-60.

顺利通过大学讲习培训的教师，资格证自动失效，以此保证教师的专业知识不断更新"；三是设立教育硕士制度，"自2008年始日本采用专业学位制度，设立不以学术研究为目的、旨在提升与日常教育实践相联系的教师资质能力的教育硕士学位"[1]。

日本教师专业发展以突出教育在经济社会发展中的重要性为突破口，通过制度、法律手段不断完善教师专业发展体系建设，并伴随时代发展特征，突出个性化教师专业发展，带动整体教师队伍专业化水平不断提升，进而使日本教师专业化程度位居世界前列。

三、我国教师专业发展的历程

同发达国家相比，我国教师的专业化发展起步较晚。1952年，我国建立起双轨道、三个层次、定向的师范教育体系，肩负起不同层级学校教师的培养和培训，受"文化大革命"的影响，我国的师范教育事业在此期间几近停滞，而发达国家不仅师范教育向前发展，教师的专业化运动也开始兴起，我国与发达国家教师专业发展产生了一定的差距。面对差距，改革开放以后，我国高度重视师范教育，吸收发达国家教师专业发展的经验，并结合我国国情，逐步走上教师教育、教师专业发展之路，且形成了具有中国特色的以政策推进为主导的教师队伍专业化和教师个人专业发展，为促进全球化背景下教师专业发展提供了经验和借鉴。

20世纪80年代，我国通过实施一系列加强教师培训的政策，提升教师学历、教师素养，改善了教师专业能力不强等问题。1986年，我国国家统计局和国家标准局首次颁布的中华人民共和国国家标准《职业分类与代

---

[1] 吴宏，王威.日本教师专业发展的生态环境构建研究[J].教育探索，2014（5）：152-154.

码》（GB/T 65651986）中，把教师列入"各类专业、技术人员"类别。同年，国家教委颁布《中小学教师考核合格证书试行办法》《关于基础教育师资和师范教育规划的意见》《关于加强和发展师范教育的意见》，启动各级各类教师职称（职务）制度改革，教师作为专业工作者开始逐渐得到社会各界的认可。1993年，我国颁布《中华人民共和国教师法》，明确规定"教师是履行教育教学职责的专业人员"，首次以法律的形式赋予教师职业专业性质，从法律角度认可教师的专业地位，这是对我国教师职业性质界定的一个重大突破。1995年《教师资格条例》和2000年《〈教师资格条例〉实施办法》的出台，标志着我国建立了具有可操作性的相对科学的教师资格制度，这是我国在教师专业化进程中的首次实践。

21世纪以来，我国通过自身努力，在推进教师专业发展上迈上了更高台阶。1999年，第一部科学划分我国职业类别的《中华人民共和国职业分类大典》出版，它将我国的职业归纳为八类，其中教师被划分到"专业技术人员"一类，这集中反映了教师这一职业的专业性已经基本得到全社会的肯定和认可。2001年，国务院颁发《关于基础教育改革与发展的决定》，明确提出"完善教师教育体系"，这是我国教育政策文件中首次提出要把教师职业培养与职后培训结合起来。2004年，教育部发布《2003—2007年教育振兴行动计划》，提出：全面推动教师教育创新，构建开放灵活的教师教育体系，将教师教育逐步纳入高等教育体系，构建以师范大学和其他举办教师教育的高水平大学为先导，专科、本科、研究生三个层次协调发展，职前职后教育相互沟通，学历与非学历并举，促进教师专业发展和终身学习的现代教师教育体系。这是对2001年政策的补充，明确了教师教育体系的根本在于促进教师的专业发展。在《国家中长期教育改革和发展规划纲要（2010—2020年）》的指导下，2012年，教育部等三部委联合发布《关于深化教师教育改革的意见》，提出发挥师范院校在教师教育中的主体作用，鼓励综合大学发挥学科综合优势参与教师教育，构建开放灵活的教师教育体系。2013 年，教育部发布《关于深化中小学教师培训模式改革全面提升培训质量的指导意见》，提出实施按需施训、改进培训内容、转变培训方式、强化培训自主性、规范培训管理等一系列的举措，改变了之前教师教育阶段分离的状态，建立起职前培养与职后培训有机结合的良性教师教育发展格局。与此同时，从 2011 年到 2015 年，我国发布了《教师教育课程标准（试行）》《幼儿园教师专业标准（试行）》《小学教师专业标准（试行）》《中学教师专业标准（试行）》《义务教育学校校长专业标准》《中等职业学校教师专业标准（试行）》《中小学教师信息技术应用能力标准（试行）》《普通高中校长专业标准》《中等职业学校校长专业标准》《幼儿园园长专业标准》《特殊教育教师专业标准（试行）》等文件，标志着我国走上了以专业标准为导向的促进教师专业发展之路。2018 年，中共中央、国务院发布《关于全面深化新时代教师队伍建设改革的意见》，明确提出"大力振兴教师教育，不断提升教师专业素质能力"，提升教师专业能力成为新时代教师队伍建设的重要内容之一。同年，教育部等五部门联合发布《教师教育振兴行动计划（2018—2022 年）》，提出用 5 年左右时间建设一支高素质专业化创新型教师队伍，进一步明确高素质教师主要体现在专业化、创新型上。

　　总体而言，我国教师专业发展虽然起步晚，但推进迅猛，国家较早以法律法规的形式明确了教师的专业属性，并通过政策的全方位部署，全面推进教师队伍建设的专业化和教师个体的专业发展。

第二章

教师专业发展的政策基础

我国教师专业发展虽然起步较晚，但国家高度重视。国家坚持以宏观总体部署、全方位政策推动为根本，对内结合时代发展特征，以解决问题为导向，对外结合国际教师发展趋势，吸取发达国家的经验，切实推动我国教师专业发展，提高我国教师专业素质能力。

第一节　教师资格制度

教师资格制度是根据国家法律规定对教师实行的一种职业认定和许可制度，是为保障教师具备基本的从业素质和能力而进行的资格审核许可制度，也是世界许多国家推行的一项针对教师行业的准入制度。它规定了教师的入职条件，对于加强教师职业专业化，提升教师素质，提高学校教育质量具有重要意义。

一、教师资格政策出台背景

"1825 年，美国俄亥俄州最先对教师实施考核，教师考核通过后由教育主管部门颁发合格证书。"[1] 此后的一百多年，教师资格证书制度陆续在世界各国推进实施。新中国成立以后，为了快速恢复教育，解决教师短缺的困境，国家大量招聘教师，但法律上一直没有建立起规范的教师资格制度，导致教师队伍人员质量参差不齐，整体素质不高。随着社会经济的不断发展，人民对良好教育的期盼，教师的重要性日益凸显，教师队伍建设的重心逐步从保证数量走向保数提质。尤其在 20 世纪 80 年代以后，

---

[1]　教育部师范教育司.教师专业化的理论与实践［M］.北京：人民教育出版社，2003：140.

随着教师专业化运动的迅猛推进，为顺应国际教师专业化发展趋势，加快中小学教师队伍建设，不断提高教师专业化水平，我国出台相应的教师资格认证制度及相关政策成为必然要求。20世纪90年代以后，我国的师资培养仍以师范院校为主，但开放性的特征已日趋明显。综合性大学内部大多设置了教育学院、教育系，其他非师范类院校也陆续加入师资培养的队伍。这些都有利于拓宽师资来源的渠道和解决学校专业教师的匮乏问题。

"然而教师从业者虽已有了一定的专业成熟度，但并非人人都可以胜任这一职业，因此有必要建立统一的教师职业资格标准，以便从良莠不齐的各类申请者中选拔合格的人才，以保证教师队伍的整体质量。促进教师专业化水平提升的前提条件就是要把好职业的'入口关'，由此实行教师资格证书制度就成为一种必然。"[1]

二、教师资格制度的确立与实施

我国教师资格认证制度的确立与实施并非一蹴而就，而是经历了长达15年的过程。从1980年召开的全国师范教育工作会议，到1983年出台的《关于中小学教师队伍调整整顿和加强管理的意见》，再到1984年印发的《关于加强中小学教师普通话培训工作的通知》以及同年发布的《中小学教师职业道德要求（试行草案）》等，都对中小学教师的学历、普通话水平、师德、师范教育培养培训作出具体要求，这为教师资格制度的实施打下了坚实基础。

1986年4月，第六届全国人民代表大会第四次会议通过《中华人民共和国义务教育法》，其中第十三条规定："国家建立教师资格考核制度，

---

[1] 范冰.我国教师资格证书制度政策分析：一种国际的视角 [J].教育发展研究，2003（6）：60-63.

对合格教师颁发资格证书。"这是我国首次以法律的形式明确提出建立教师资格制度并对合格教师颁发资格证书。同年 9 月，国家教育委员会下发的《关于中、小学教师考核合格证书试行办法》（以下简称《试行办法》）指出："根据我国不具备合格学历的教师还将长时间存在的实际情况，实行考核合格证书制度不是一项临时性的措施。"要求各地精心组织和指导，不断改进和完善该制度。《试行办法》进一步规定：考核合格证书暂设《教材教法考试合格证书》和《专业合格证书》两种。凡不具备国家规定合格学历的中小学教师，工作满一年以上者，可申请参加《教材教法考试合格证书》的考试；工作满两年以上并取得《教材教法考试合格证书》者，可申请参加《专业合格证书》的文化专业知识考试。从而，我国确立了以考试获得教师专业合格证书的政策指向。1993 年 2 月，中共中央、国务院发布《中国教育改革和发展纲要》，明确规定"中小学逐步实行教师资格制度和职务等级制度……到本世纪末，通过师资补充和在职培训，绝大多数中小学教师要达到国家规定的合格学力标准，小学和初中教师中具有专科和本科学历者的比重逐年提高"。这一政策的提出为全面推进教师资格制度做好了准备。

1993 年 10 月，《中华人民共和国教师法》（以下简称《教师法》）的颁布和实施从法律的角度确认了教师的专业地位，这是首次以法律条文的形式确定了把以教师资格证书制度作为我国的教师职业许可制度。《教师法》第三章中，明确规定了国家实行教师资格制度。1995 年 9 月 1 日，《中华人民共和国教育法》施行，其中的第三十四条再次强调"国家实行教师资格、职务、聘任制度"。1995 年 12 月，国务院发布《教师资格条例》，从总则、教师资格分类与适用、教师资格条件、教师资格考试、教师资格认定、罚则等六个方面对教师资格进行了详细的规定与说明。同月，国家教委发布《教师资格认定的过渡办法》（以下简称《过渡办法》），规定"申请教师资格过渡的，必须是《教师法》施行之日前已在各级各类学校和其他教育机构中从事教育教学工作的教师（统称在职教师）及承担教育教学任务的其他专业技术人员和教育职员（统称其他人员）"。从 1996 年年初到 1997 年年底，全国基本完成《过渡办法》中合格人员的教师资格认定。1998 年，国家分别在上海、江苏、湖北、广西、四川、云南的部分地市进行了教师资格认定试点工作。

2000 年，在总结教师资格认定过渡工作和面向社会认定教师资格试点工作经验的基础上，教育部颁布《〈教师资格条例〉实施办法》（以下简称《实施办法》）。《实施办法》包括总则、资格认定条件、资格认定申请、资格认定、资格证书管理和附则，对教师资格认定的相关问题作出详细的说明与操作规定，并确立县级以上地方人民政府教育行政部门是教师资格认定机构。《〈教师资格条例〉实施办法》的颁布，标志着我国教师资格制度进入实施阶段。2001 年 5 月，教育部印发《关于首次认定教师资格工作若干问题的意见》，对认定教师资格的有关政策作了进一步的明确规定。自此，全国中小学教师资格认证工作全面展开。

三、教师资格制度的主要内容

从 1993 年实施《教师法》，到 2000 年全面推进教师资格制度，我国的教师资格制度坚持以教师学历为核心，确保教师队伍质量，具体如下：

（1）教师资格类型及相应学历要求

教师资格类型	相应学历要求
幼儿园教师资格	幼儿师范学校毕业及以上学历
小学教师资格	中等师范学校毕业及以上学历

教师资格类型	相应学历要求
初级中学教师和初级职业学校文化课、专业课教师资格	高等师范专科学校或者其他大学专科毕业及以上学历
高级中学教师资格	高等师范院校本科或者其他大学本科毕业及以上学历
中等专业学校、技工学校、职业高级中学文化课、专业课教师资格	由国务院教育行政部门规定
高等学校教师资格	研究生或者大学本科毕业学历

表2.1　教师资格类型及相应学历要求

（2）获取教师资格认定[1]

直接申请认定：各级各类学校师范教育类专业毕业生可以持毕业证书，向任教学校所在地或户籍所在地教师资格认定机构申请直接认定相应的教师资格。

申请认定及条件：中国公民凡遵守宪法和法律，热爱教育事业，具有良好的思想品德，具备《教师法》规定学历或经国家教师资格考试合格，有教育教学能力，都可申请教师资格，经认定合格的，可以取得教师资格。申请认定教师资格，应当提交教师资格认定申请表和下列证明或者材料：（一）身份证明；（二）学历证书或者教师资格考试合格证明；（三）教育行政部门或者受委托的高等学校指定的医院出具的体格检查证明；（四）户籍所在地的街道办事处、乡人民政府或者工作单位、所毕业的学校，对其思想品德、有无犯罪记录等方面情况的鉴定及证明材料。

过渡期间获得教师资格认定的条件，分两类：其一，符合《教师法》学历要求的在职教师，由本人按其所在学校的层次和类别申请认定相应的

---

[1] 本书主要针对中小学教师，但教师资格认定中涉及职业学校和高等院校的教师，为了全面反映当时教师资格制度的情况，也将上述教师的资格认定的相关内容进行了说明。

教师资格；其二，不具备《教师法》规定学历的在职教师，由本人按其现任教师职务申请认定相应的教师资格。

教师资格认定机构：不同层级教师资格认定机构有所不同。幼儿园、小学和初级中学教师资格，由申请人户籍所在地或者申请人任教学校所在地的县级人民政府教育行政部门认定。高级中学教师资格，由申请人户籍所在地或者申请人任教学校所在地的县级人民政府教育行政部门审查后，报上一级教育行政部门认定。中等职业学校教师资格和中等职业学校实习指导教师资格，由申请人户籍所在地或者申请人任教学校所在地的县级人民政府教育行政部门审查后，报上一级教育行政部门认定或者组织有关部门认定。受国务院教育行政部门或者省、自治区、直辖市人民政府教育行政部门委托的高等学校，负责认定在本校任职的人员和拟聘人员的高等学校教师资格。在未受国务院教育行政部门或者省、自治区、直辖市人民政府教育行政部门委托的高等学校任职的人员和拟聘人员的高等学校教师资格，按照学校行政隶属关系，由国务院教育行政部门认定或者由学校所在地的省、自治区、直辖市人民政府教育行政部门认定。

四、教师资格制度的改革与完善

教师资格制度的全面实施对于严把教师"入口关"、优化教师队伍结构、提高教师队伍整体素质发挥了重要作用，对教师队伍建设、教师教育的发展起到重要的促进作用，有效推进了我国教师的专业化发展。但以学历为基本依据的《教师资格条例》并不能保证能选择到完全胜任中小学教育工作的教师，且终身制的教师资格也不利于教师专业发展。基于此，国家开始探索完善与教师资格相应的一系列制度，以此不断提高教师专业化水平，提升教师质量。

2010 年，中共中央、国务院印发《国家中长期教育改革和发展规划纲要（2010—2020 年）》（以下简称《教育规划纲要》），开启了我国教师资格制度新一轮改革，教育规划纲要提出"建立教师资格证书定期登记制度。省级教育行政部门统一组织中小学教师资格考试和资格认定"，不仅严把教师入口关，同时加强过程管理，以此不断提高教师队伍的整体素质和质量。

教育资格制度改革从统一教师资格考试开始。2011 年，教育部发布《关于开展中小学和幼儿园教师资格考试改革试点的指导意见》，首先在浙江、湖北两省开展试点工作，2012 年新增上海、河北、广西、海南四省份。2013 年，教育部出台《中小学教师资格考试暂行办法》和《中小学教师资格定期注册暂行办法》，明确规定了教师资格考试和定期注册的办法，进一步扩大教师资格统一考试试点范围，且启动实施定期注册试点。从 2015 年到 2017 年，国家不断扩大中小学教师定期注册试点范围，从最初的某省某市某县，不断向全国有序推进。

此次教师资格考试制度改革与以前不同的地方主要表现在以下几个方面：

第一，教师资格考试合格是教师职业准入的前提条件；

第二，教师资格考试实行全国统一考试；

第三，师范院校学生也要参加教师资格考试，合格后方能获取教师资格证书；

第四，明确考试科目，主要考查教育理念、专业知识和专业能力。笔试考试内容与不同阶段教师的"教师专业标准"密切相关，注重综合素质、知识与能力；

第五，面试采取结构化面试、情境模拟等方式，主要考查仪表、仪态、言语表达、思维品质等教师基本素养和教学设计、教学实施、教学评价等教学技能；

第七，国家确定笔试成绩合格线，省级教育行政部门确定面试成绩合格线。

中小学教师资格定期注册制度是教师资格制度的进一步完善，破除了教师资格终身制，不断提升了教师队伍的质量和水平。《中小学教师资格定期注册暂行办法》确立的中小学教师资格实行 5 年一周期的定期注册制度，主要包含如下内容：

"第一，首次注册的基本条件：具有与任教岗位相应的教师资格、聘用为中小学在编在岗教师；省级教育行政部门规定的其他条件。对于首次任教人员须试用期满且考核合格。

"第二，定期注册合格的必要条件：遵守国家法律法规和《中小学教师职业道德规范》，达到省级教育行政部门规定的师德考核评价标准，有良好的师德表现；每年年度考核合格以上等次；每个注册有效期内完成不少于国家规定的 360 个培训学时或省级教育行政部门规定的等量学分；身心健康，胜任教育教学工作；省级教育行政部门规定的其他条件。

"第三，师德不合格，一票否决；一个定期注册周期内连续 2 年以上（含 2 年）考核不合格则定期注册不合格；未完成 5 年一周期 360 学时培训任务者应暂缓注册。"

教师资格考试制度改革将中小学教师资格的学历要求与知识素养能力要求相结合，并构建了不同学科、不同教育阶段的教师资格制度，严把入口关。教师定期注册制度改革通过加强过程管理，要求教师不断学习，不断提升专业化发展水平，将终身学习的教育理念落实到教师教育当中，并通过师德一票否决制，强化师德是评价教师的第一标准，切实提高教师队伍的质量和水平。

第二节 教师专业标准

教师专业标准是教师专业发展的重要依据。教师是一个需要不断学习、不断提高、不断发展的职业。教师专业标准有益于推动教师专业化发展、提升中小学教师教学水平。2012 年，教育部出台《幼儿园教师专业标准（试行）》《小学教师专业标准（试行）》和《中学教师专业标准（试行）》（以下简称"三个标准"）。

（一）教师专业标准实施背景

20 世纪 80 年代教师专业化运动的兴起，推动了世界各国教师标准的研制。20 世纪 90 年代中期，美国、澳大利亚、英国等国从国家层面、州层面研制并实施教师专业标准，以期保证教师的质量，促进教师的专业发展。制定教师专业标准成为教师专业发展的国际潮流和趋势。

21 世纪以来，我国教师队伍建设取得明显成效，为教育改革发展提供了强有力的师资保障。但随着我国经济社会发展，教育改革的深入推进，中小学教师队伍建设总体上还有些不足：教师专业化水平亟待提升，教师职业吸引力亟待进一步增强，教师资源配置亟待改善，教师管理机制亟待完善。在新的历史起点上，建设高素质专业化教师队伍，关系亿万青少年的健康成长，关系教育改革发展的全局，关系国家的前途和民族的未来。2010 年，《教育规划纲要》明确提出"制定教师专业标准"，制定专业标准成为落实《教育规划纲要》的一项重要且紧迫的任务。2010 年，国务院印发的《关于当前发展学前教育的若干意见》提出"国家颁布幼儿教师专业标准"。制定教师专业标准，明确教师专业素质要求，是健全教师管理制度的一项重要内容。建立教师专业标准体系，严格实施教师准入制度，对于提高教师队伍整体素质，提高教师教育质量，促进义务教育均衡发展和推进教育公平发挥了重要作用。

（二）教师专业标准的研制过程

师范教育的发展和教师教育综合化的系统推进为我国教师专业标准的研制打下了坚实基础。从 2004 年开始，教育部着手研究建立教师教育标准体系，教师专业标准作为其中的重要内容，研制工作主要经历了五个阶段：

"一是课题研究。教育部委托北京师范大学、华东师范大学等 9 所师范大学和中央教育科学研究所（现更名为中国教育科学研究院）开始研究'三个标准'。2008 年，教育部师范教育司、华东师范大学与世界银行合作开展'中国教师教育标准体系研究项目'，开展现状调查和国际比较等前期研究。

"二是标准研究。为落实《教育规划纲要》和《关于当前发展学前教育的若干意见》，2010 年，教育部进一步加快教师专业标准研制，委托教育部高等学校幼儿园、小学和中学教师培养教学指导委员会组成课题组，在前期研究基础上，开展标准文本研究，通过现状调研、国际比较、文本研制、专家咨询等相关工作，形成了三个标准文稿，并通过听取专家和中小学校长、园长及一线教师的意见，经过 30 余次的修改，完善标准。

"三是修改审定。2011 年，教育部组织召开教师教育标准汇报研讨会，邀请教师教育专家委员会各位专家讨论修改。征求有关司局、各省（区、市）教育厅和部分师范院校、中小学和幼儿园的意见，进一步修改标准。邀请部分国家教育咨询委员会委员、教师教育专家委员会委员、省级教育行政部门负责人和中小学校长、幼儿园园长对三个标准进行了修改审定。

"四是征求意见。2011 年 12 月，课题组负责人和专家最后统稿，对文稿内容进行逐字逐句的修改，形成征求意见稿，面向全社会征求意见和建议。

"五是发布实施。2012 年 2 月，在完善征求意见稿的基础上，教育部发布实施《幼儿园教师专业标准（试行）》《小学教师专业标准（试行）》和《中学教师专业标准（试行）》。"[1]

（三）教师专业标准的框架和内容

"教师专业标准是国家对幼儿园、小学和中学合格教师基本的专业要求，是教师开展教育教学工作的基本规范，是引领教师专业发展的基本准则，是教师培养、准入、培训、考核等工作的重要依据。"[2]

教师专业标准由基本理念、基本内容与实施建议三大部分构成。基本理念包括教师要以学生为本，师德为先，能力为重，终身学习。基本内容由维度、领域和基本要求组成，分别对幼儿园、小学、中学教师的专业理念与师德、专业知识和专业能力提出 60 余条具体要求。实施建议分别对教育行政部门、教师教育机构和幼儿园、中小学及教师提出了相关要求。

在教师专业标准的基本内容部分，专业理念与师德维度包括职业理解与认识、对学生的态度与行为、教育教学的态度与行为、个人修养与行为四个领域。其中对幼儿园教师的教育教学态度与行为，要求注重通过保教结合，培育幼儿良好的意志品质，帮助幼儿养成良好的行为习惯。专业知

———————————

[1] 制定教师专业标准　建设高素质教师队伍——教育部师范教育司负责人就教师专业标准公开征求意见答记者问 [N].中国教育报，2011-12-12.

[2] 张亚妮，田建容.教师专业标准：解读与反思 [J].当代教师教育，2013（3）：30-33.

识维度包括学生发展知识、学科知识、教育教学知识、通识性知识四个领域。其中在《幼儿园教师专业标准（试行）》中，不设学科知识，教育教学知识为幼儿保育和教育知识，要求幼儿园教师掌握幼儿园环境创设、游戏与教育活动、保育和班级管理的知识与方法，掌握观察、谈话、记录等了解幼儿的基本方法和教育心理学的基本原理和方法；在《中学教师专业标准（试行）》中，学生发展知识为教育知识，要求初中教师掌握教育心理学的基本原理和方法，了解中学生身心发展的一般规律与特点。专业能力包括教育教学设计、组织与实施、激励与评价、沟通与合作、反思与发展等方面，其中幼儿园教师的专业能力部分要强调环境的创设与利用，要求通过创设环境，让幼儿感到温暖、愉悦、安全、舒适；中学教师的专业能力部分则根据中学生的特点增设班级管理与教育活动这一项，要求通过班级管理建立良好的师生关系，帮助中学生建立良好的同伴关系，针对中学生青春期生理和心理发展特点，有针对性地组织开展有益身心健康发展的教育活动。此外，还强调中学教师在教育教学评价方面的专业能力，要求利用评价工具，掌握多元评价方法，多视角、全过程评价学生发展，引导学生进行自我评价，加强教师自身自我评价教育教学效果，及时调整和改进教育教学工作。

教师专业标准的基本内容主要有以下几个特点：一是突出师德，要求教师要履行职业道德规范，增强教书育人的责任感和使命感；二是强调学生的主体地位，要求教师要尊重学生，关爱学生，充分发挥学生的主动性，为学生提供适合的教育，促进每个学生发展；三是强调实践能力，要求教师要把学科知识、教育理论与教育实践相结合，不断研究、改善教育教学工作，提升专业能力；四是适应时代发展，要求教师应主动适应经济社会和教育发展的要求，不断优化知识结构，不断提高文化修养，加强终身学习，自觉促进专业发展。

第三节 教师职称（职务）制度

中小学教师职称（职务）制度是提高教师专业地位，促进教师专业发展的专门政策，是对教师工作的有效激励，对调动中小学教师的积极性、提高中小学教师队伍整体素质、促进基础教育事业发展具有重要作用。1986 年，我国开始实施中小学教师职称制度，教师职称结构不断优化。但随着中小学人事制度改革的深入推进、素质教育的全面实施，教师等级设置不够合理、评价标准不够科学、评价机制不够完善等问题日渐突显。面对上述问题，《教育规划纲要》明确提出"建立统一的中小学教师职务（职称）系列"。2015 年，人社部、教育部联合发布《关于深化中小学教师职称制度改革的指导意见》，旨在全国范围内推动中小学教师职称制度改革，以此进一步加强教师队伍建设，提高教育质量。

（一）教师职称（职务）制度实施背景

受"文革"的冲击和影响，改革开放初期，中小学教师地位不高、待遇偏低、专业性不强、不受尊重的现象屡见不鲜，而教育的快速发展，需要不断壮大教师队伍，因此提高教师专业地位和待遇成为加快教师队伍建设的重要内容。1986 年，国务院颁布《关于实行专业技术职务聘任制度的规定》，对各级专业技术职务结构比例及工资额的确定作出规定，中小学教师作为专业人员的组成部分，纳入专业技术人员范畴。同年，中央职称改革工作领导小组印发《关于转发国家教育委员会中、小学教师职务试行条例等文件的通知》。国家教委特别制定了《中学教师职务试行条例》《小学教师职务试行条例》《关于中小学教师职务试行条例的实施意见》，旨在"充分调动和发挥中小学教师为社会主义教育事业服务的积极性和创造性，激励教师不断提高政治思想觉悟、文化业务水平和履行职责的能力，努力完成本职工作"。

进入 21 世纪，为了更好地通过中小学教师职称制度改革激发教师队伍活力，我国启动了新一轮教师职称制度改革。2010 年，《国家中长期人才发展规划纲要（2010—2020 年）》和《教育规划纲要》均要求深化职称制度改革，加强教师队伍建设。为了解决教师职称问题，切实落实两个纲要的规定，从 2009 年开始，国家启动中小学教师职称制度改革试点，并不断扩大试点范围，总结试点的经验和教训；2015 年，人社部、教育部联合发布《关于深化中小学教师职称制度改革的指导意见》，旨在建立起与教育事业发展相匹配的中小学教师职称评聘体系，与事业单位聘用制度和岗位管理制度相衔接、体现中小学教师职业特点、统一的中小学教师职称（职务）制度。

（二）教师职称（职务）制度变革历程

我国职称制度的创立可以追溯到中华人民共和国成立初期，中小学教师职称制度的确立则始于 1986 年。自确立以来，我国中小学教师职称制度大致经历了三个阶段：

第一个阶段，1986—2008 年，确立和探索阶段。1986 年，中央职称改革领导小组批准签发《中学教师职务条例》《小学教师职务条例》，实行中学教师和小学教师专业技术职务聘任制度，确定了不同职务教师的职责、任职条件、考核与评审方法等，标志着我国以职务聘任为主要内容的中小学教师职称制度的正式确立。该制度对保障中小学教师的合法权利具有深远的意义，为各类学校开展教师评价和考核提供了法律和制度依据。"1993 年的《教师法》和 1995 年的《教育法》均重申了该制度的重要性。2006 年，人事部印发《事业单位岗位设置管理试行办法》及实施意见，中小学教师职称制度建设进入规范化的轨道，教师岗位进一步参照事业单位设置，实行评聘结合的职称评审方式。在国家政策的推动下，中小学教师职称制度在全国各地区纷纷建立，并逐步发展成为教师队伍建设的关键制度。"[1]

第二个阶段，2009—2014 年，改革试点阶段。2009 年，人社部、教育部印发《关于深化中小学教师职称制度改革试点的指导意见》，提出在山东潍坊、吉林松原、陕西宝鸡 3 个地级市先行试点，主要围绕体系构建、评价标准、评价机制等开始实施中小学职称制度改革工作。2011 年，进一步扩大试点范围，此次扩大试点共涉及 31 个省（区、市）和新疆生产建设兵团的 109 个地级市，指导思想和主要任务是："在遵循教育发展规律和教师成长规律的前提下，构建与事业单位岗位聘用制度相衔接、符合中小学教师职业特点的职称制度，形成以能力和业绩为导向、以社会和业内认可为核心、覆盖各类中小学教师的评价机制。"[2]

第三个阶段，2015 年至今，改革全面实施阶段。2015 年 8 月，人社部、教育部联合印发《关于深化中小学教师职称制度改革的指导意见》，要求深化中小学教师职称制度改革，围绕健全制度体系、拓展职业发展通道、完善评价标准、创新评价机制，形成以能力和业绩为导向、以社会和业内认可为核心、覆盖各类中小学教师的评价机制，建立与事业单位岗位聘用制度相衔接的职称制度。以实现评聘衔接为核心举措，中小学教师

[1] 李廷洲，陆莎.我国中小学教师职称改革：发展历程、关键问题与政策建议[J].中国教育学刊，2017（12）：66-72.
[2] 扩大中小学教师职称制度改革试点[N].中国劳动保障报，2011-9-30.

职称制度改革进入深化阶段，由此将进一步深化改革现有的制度体系，构建完善的中小学教师职称制度，切实保障教师的相关合法权益，并通过加强对各省市中小学教师职称制度改革的审查，推进教师职称改革。

（三）教师职称（职务）制度改革的具体内容

经过 30 余年的深入探索，我国中小学教师职称制度改革主要涉及了职称类型、职称结构比例、职称评定标准、职称评价机制等几个方面：

（1）职称类型：从分类设置到统一中小学教师职称等级

1986 年，我国启动实施的中小学教师职称制度，以中小学教师职务聘任制为主要内容，将教师职务按学段类型分类设置，其中，中学教师职务设中学高级（为高级职务）、中学一级（为中级职务）、中学二级及中学三级（为初级职务），小学教师职务设小学高级（为高级职务）、小学一级（为中级职务）、小学二级及小学三级（为初级职务）。2006 年，我国实施事业单位岗位设置标准。2007 年，中小学教师职称参照事业单位岗位设置标准，进一步细化内部分类。明确义务教育学校中学教师岗位共划分为 9 个等级：其中高级岗位分 3 个等级，分别对应事业单位专业技术岗位等级的五级、六级、七级；中级岗位分 3 个等级，分别对应事业单位专业技术岗位等级的八级、九级、十级；初级岗位分 3 个等级，分别对应事业单位专业技术岗位等级的十一级、十二级、十三级。义务教育学校小学教师岗位暂按 6 个等级划分：现行小学高级教师职务对应事业单位专业技术岗位等级的八级、九级、十级；小学一级教师职务对应专业技术岗位等级的十一级、十二级；小学二级、三级教师职务对应专业技术岗位等级的十三级。小学中评聘了中学高级教师职务的，按现行规定对应专业技术岗位等级的五级、六级、七级。

"从 1986 年到 2007 年，中小学教师职称总体上分为高级、中级、初级三个层次，且在具体实行中，小学教师职级低于中学教师，小学高级仅相当于中学一级，属于中级职称，小学一级则属于初级职称，较为复杂。并且，虽然中小学教师职称中设置了高级职称，但中学高级职称也仅相当于事业单位的副高级职称。"[1]

为了打破中小学教师职称"天花板"，2009—2014 年我国试点试行职称改革。改革的重点一方面是统一中小学教师职称，另一方面是在中小学教师职称中设置正高级，同时在评定标准上结合中小学教师教育教学的具体内容进一步细化。2015 年，《关于深化中小学教师职称制度改革的指导意见》统一了中小学教师职称（职务）等级和称谓，并提出设立正高级职称。增设正高级职称，是新一轮中小学教师职称改革的一大突破，也是一项大的政策调整，提高了中小学教师的社会地位，拓展中小学教师的职业发展空间，选拔出了优秀的中小学教师，体现了培养和造就教育家的政策导向。中小学教师职务分为初级职务、中级职务和高级职务。初级设员级和助理级；高级设副高级和正高级。员级、助理级、中级、副高级和正高级职称（职务）名称依次为三级教师、二级教师、一级教师、高级教师和正高级教师。明确原中小学教师专业技术职务等级与统一后的中小学教师职称（职务）的关系，即原中学高级教师（含在小学中聘任的中学高级教师）对应高级教师；原中学一级教师和小学高级教师对应一级教师；原中学二级教师和小学一级教师对应二级教师；原中学三级教师和小学二级、三级教师对应三级教师。统一后的中小学教师职称（职务）分别与事业单位专业技术岗位等级相对应：正高级教师对应专业技术岗位一至四级，高级教师对应专业技术岗位五至七级，一级教师对应专业技术岗位八至十级，二级教师对应专业技术岗位十一至十二级，三级教师对应专业技术岗位十三级。

---

[1] 高慧斌．中小学教师职称制度改革特征与现状分析［J］．教师教育研究，2016（6）：25-31．

（2）职称结构比例：实现与事业单位岗位相一致的职称结构比例设置

中小学教师职称结构比例分为两类：一类是总结构，即整体上的高级、中级、初级；另一类是内部结构比例，即高级、中级、初级内部的占比。

就总结构比例而言，1986 年实施的《小学教师职务试行条例》和《中学教师职务试行条件》均提出："各级教师职务应有定额。"《关于中小学教师职务试行条例的实施意见》提出："中小学各级教师职务的定额应依据学校事业发展和教育教学工作需要、教师队伍结构及编制来确定……各自治区、直辖市应通过试点，根据国家有关规定和各自的实际情况，实事求是地确定本地区各级教师职务定额。"在这些政策中，只提出各级教师职称要有一定的比例，具体名额则由各地方政府根据实际情况确定。2006 年，随着我国人事制度改革的深入推进，国家出台了一系列有关岗位设置标准的政策，确定了中小学教师职称级别之间的结构比例参照事业单位为 1：3：6。即高级职称占一成，中级职称占三成，初级职称占六成。2010 年，《国家中长期人才发展规划纲要（2010—2020 年）》规定："到 2020 年，高级、中级、初级专业技术人才比例为 10：40：50。"中小学教师作为专业技术人才，到 2020 年，具有高级职称的比例应达到 10%，具有中级职称的比例达 40%，初级职称的比例达 50%，中级职称占比提高 10%。2015 年的职称改革指导意见提出：中小学教师高级、中级、初级岗位之间的结构比例，根据新的中小学教师职称等级体系，按照国家关于中小学岗位设置管理的有关规定执行。其中，正高级教师数量由国家实行总量控制。2018 年，中共中央、国务院出台的《关于全面深化新时代教师队伍建设改革的意见》明确提出"适当提高中小学中级、高级教师岗位比例，畅通教师职业发展通道"。

从总体上看，全国中小学教师具有高级职称的比例从 2011 年的 9.8%

增长到 2016 年的 12.9%。[1] 2015 年以后，各省（区、市）根据国家的指导意见，结合本省（区、市）实际情况，因地制宜设置中小学教师高级、中级、初级结构比例，基本呈现了不断提高的趋势，如东部的天津中小学教师高级职称占比已超过 30%，中部的湖南省中小学教师高级职称占比超过 25%，西部的贵州省这一占比也超过 20%。详见下表：

省份	学段	高级职称	中级职称	高级平均	中级平均
天津	示范高中	≤ 50%	≤ 40%	≤ 37.5%	≤ 51.3%
	普通高中	≤ 45%	≤ 45%		
	初级中学	≤ 40%	≤ 50%		
	小学	≤ 15%	≤ 70%		
湖南	示范高中	≤ 35%	≤ 35%	≤ 21.5%	≤ 46.3%
	普通高中	≤ 28%	≤ 45%		
	初级中学	≤ 15%	≤ 50%		
	小学	≤ 8%	≤ 55%		
贵州	示范高中	≤ 40%	≤ 50%	≤ 27.8%	≤ 55%
	普通高中	≤ 33%	≤ 55%		
	初级中学	≤ 28%	≤ 55%		
	小学	≤ 10%	≤ 60%		

表 2.2　三省份中小学教师职称高级、中级比例情况[2]

就内部结构比例而言，2007 年依据事业单位岗位设置标准，确定了义务教育学段教师职称内部结构比例，即教师高级岗位五至七级之间的结构比例为 2：4：4，中级岗位八到十级之间的结构比例为 3：4：3，初

---

[1]　数据依据 2011 年和 2016 年《中国教育统计年鉴》提供的数据测算得出。

[2]　数据来源于三省份中小学教师职称改革相关政策文本。其中，天津市中小学教师系列专业技术职称结构比例规定为高级职称与中级职称比例，为显示方便，将高级职称和中级职称比例分列。

级岗位十一级、十二级之间的比例为 5 ：5。2015 年，针对教师职称内部结构比例，《关于深化中小学教师职称制度改革的指导意见》提出"高级、中级、初级岗位内部各等级的结构比例，根据新的中小学教师职称等级体系，按照国家关于中小学岗位设置管理的有关规定执行"。中小学教师职称改革还有待进一步系统推进。

（3）职称评定标准：从过分强调论文、外语走向注重师德素养，注重教育教学工作业绩，注重教育教学方法，注重教育教学一线实践经历

中小学教师职称制度在确立之初就规定了各级教师的任职条件，如1986 年就规定担任中学高级教师要具备中学高级教师任职条件，除了任职年限、学历外，还要求必须具备"对所教学科具有系统的、坚实的基础理论和专业知识，教学经验比较丰富，教学效果显著；或者在学生思想政治教育和班主任工作方面有比较突出的专长和丰富的经验，并做出显著的成绩。从事中学教育、教学某一方面的科学研究，写出理论联系实际、具有一定水平的经验总结、科研报告或论著"。这体现了教师不仅要有丰富的实践经验，还要有扎实的理论功底。虽然国家层面没有详细规定外语水平，但各省份在具体执行和落实中，由于名额的限制，通常不仅将理论水平、研究论著作为限制条件，而且还规定需要达到一定的外语水平，导致一线教师评职称难的呼声越来越高。2015 年，教育部专门制定《中小学教师水平评价基本标准条件》，人力资源社会保障部、教育部印发《关于深化中小学教师职称制度改革的指导意见》，对各级教师任职条件予以说明，如对高级教师，除了学历、任职年限外，还规定"根据所教学段学生的年龄特征和思想实际，能有效进行思想道德教育，积极引导学生健康成长，比较出色地完成班主任、辅导员等工作，教书育人成果比较突出；具有所教学科坚实的理论基础、专业知识和专业技能，教学经验丰富，教学业绩显著，形成一定的教学特色；具有指导与开展教育教学研究的能力，在课程

改革、教学方法等方面取得显著的成果，在素质教育创新实践中取得比较突出的成绩；胜任教育教学带头人工作，在指导、培养二级、三级教师方面发挥了重要作用，取得了明显成效"者，方可任职高级教师。不再强调论文、著作，而是结合教师专业发展标准、教师职业规范，强调教师师德、教学实践、学科贡献，这些要求基本符合中小学教师职业特点，容易让教师有成就感、获得感。

与此同时，随着国家高度重视乡村教育发展，为了不断提高乡村教师质量，城镇教师职称评定标准中增加了晋升高级职称要有到农村学校和薄弱学校任教经历的要求。

（4）职称评价机制：由强调教育行政部门领导负责建立教师职务评审委员逐步走向建立以同行专家评审为基础的业内评价机制

中小学教师职称确立初期，国家规定的评价主体是由省、地、县三级教育行政部门领导组成教师职务评审委员会。各级评审委员会由同级教育主管部门批准。学校设立评审小组，由县级教育行政部门批准。如中学高级教师的任职条件，由省级评审委员会审定；中学一级教师的任职条件，由地级评审委员会审定；中学二、三级教师的任职条件，由县级评审委员会审定。这意味着评审员主要由行政领导组成。随着职称改革的深入，逐步确立了以同行专家评审为基础的业内评价机制，即建立健全同行专家评审制度，完善评委会的组织管理办法，扩大评委会组成人员的范围，注重遴选高水平的教育教学专家和经验丰富的一线教师，健全评委会工作程序和评审规则。

在评审形式上，从注重对参评者提交的纸质材料的评议，到随着职称改革的深入，开始探索实施说课讲课、面试答辩、专家评议等多种评价方式，对中小学教师的业绩、能力进行有效评价，确保评价结果的客观公正，增强了同行专家评审的公信力，实施的评价结果公示制度，增加了评审工作的透明度。

第三章

教师培养

⌄

　　教师专业发展需要教师教育予以支持。教师教育概念的提出是"教师专业化运动"的必然结果，是国际师范教育改革发展的必然趋势。我国顺应教师专业发展国际趋势也逐步走上教师教育改革之路，其主旨是适应时代发展，加强"师范性"和"学术性"的不断融合，让教师既有教育理论和教育实践能力，又有从教专业领域的学科知识理论和能力，且将职业培养、入职培训和职后培训融为一体，打破职前职后分离的教育体系，进而提高教师质量。为了更好地呈现教师教育改革的发展历程和变化，我们将教师教育改革分为两章，分别从教师培养和教师继续教育两方面，详细阐释教师教育改革的变化趋势。

第一节　独立的师范教育培养体系

一、师范教育的历史沿革

我国师范教育发端于清末。1897 年，盛宣怀秉持"自强首在储才，储才必先兴学"的信念在上海创办南洋公学师范院，这是中国教育史上第一所培养教师的专门机构。1902 年，实业家张謇创办了中国第一所中等师范学校——通州师范学堂，旨在培养小学教师。上述两所学校均属民办。1902 年，清政府颁布《钦定学堂章程》，在京师大学堂设立了师范馆，开启了中国历史上官办高等师范教育的先河。1904 年，清政府颁布《奏定学堂章程》（癸卯学制），把师范学堂分为初级师范学堂（中等教育性质）和优级师范学堂（高等教育性质）两级，自此，官办二级师范学堂体系初具雏形。

1949 年 12 月，第一次全国教育工作会议提出了改进北京师范大学、各地区大学中师范学院或教育学院和改进各地师范教育，增加教员轮训和在职学习的任务。1951 年，中央人民政府政务院决定改革学制，同年教育部召开第一次全国初等教育与师范教育会议，确定各级师范学校调整设置的原则。到 1952 年，中央教育部颁布《关于高等师范学校的规定（草案）》《师范学校暂行规程（草案）》《关于大量短期培养初等及中等教育师资的决定》，建立起高等师范学院、师范专科学校和师范学校三级师范教育体系。然而，"文化大革命"期间，全国高等、中等师范院校停止招生达 6 年之久，停止招收研究生达 12 年之久。

1976 年"文化大革命"结束，中国的教育秩序亟待恢复。1978 年，全国教育工作会议召开，会议明确提出，要大力发展高师、中师、幼师等各级师范学校，扩大招生，为教育战线不断补充合格的教师。[1]会议还提出新时期要继续抓紧小学教育的普及和提高，大力发展幼儿园教育。3 年内，要使大多数县 95% 以上的学龄儿童入学，并坚持读满 5 年。[2]面对学龄人口的不断增加，教育部于同年出台《关于加强和发展师范教育的意见》，提出要恢复和建立三级师范教育体系，恢复独立的师范教育制度，如要求各地办好和新建若干所四年制的本科师范学院（师范大学），使其承担起为本省（区、市）培养高中、中师教师和培训师专教师的任务；一般地区在 1980 年内，依托现有条件较好又已多年担负培训初中师资任务的中等师范学校，充实提高为师范专科学校，为本地区培养和培训初中教师；办好培养小学教师的中等师范学校。为保证各级师范院校的招生质量，吸引更多优秀学子报考师范院校，教育部颁布《关于加强和发展师范教育的意见》，进一步规定了免费待遇和强制服务制度："高师、中师学生，全部享有人民助学金待遇；高师、中师毕业生属于国家分配，应全部分配到教育战线工作。"自此，独立的三级师范教育体系逐渐得以恢复。

20 世纪 80 年代，随着从争取全国大部分县普及或基本普及小学教育，到城市普及初中教育，再到有步骤地在全国实行九年义务教育这一系列教育目标的不断深入，大力发展基础教育成为重中之重，但各级基础教育的

[1] 何东昌.中华人民共和国重要教育文献（1976—1990）[G].海口：海南出版社，1998：1615.
[2] 何东昌.中华人民共和国重要教育文献（1976—1990）[G].海口：海南出版社，1998：1612.

中小学教师不仅数量不充足，而且在质量上也严重影响各级教育的提高和发展。1979 年的统计数据显示，全国小学教师，具有中等师范或普通高中毕业学历的，只占 47%；全国初中教师，具有高等院校毕业和肄业学历的，只占 10.6%；全国高中教师，具有高等院校毕业学历的，只占 50.8%。就是具有相当学历的教师，也有相当数量并没有达到应有的水平。整个教师队伍中不合格的占 1/3 以上。[1] 有鉴于此，我国更加注重建立健全独立的师范教育体系，以区域为单位，设置和规划全国或本地区教师教育发展的目标，有计划地培养中小学教师成为当时教育部的主导思想。在 1980 年召开的全国第四次师范教育工作会议上，教育部提出师范教育是教育事业中的'工作母机'，是造就培养人才的人才基地，要办好它，就必须建立一个健全的师范教育体系，使之成为培养各类中等、初等学校和幼儿园合格师资的基地。[2] 教育部进一步明确了从中央到地方各司其职办好各级师范教育体系的要求，教育部办好直属的师范大学和师范学院，各省（区、市）根据需要和可能条件，统筹规划本省份各级师范院校的设置；每个省（区、市）都有一所或几所高等师范院校，在经济发达的地方，一个专区应有一所师范专科学校，几所中等师范学校（包括幼儿师范学校和幼师班），这些学校都应当实行地方化，面向全省或本地招生，为本地区培养师资，形成一个适应本地区教育事业发展需要的师范教育网，每个省（区、市）还应办好一所幼儿师范学校；已设置学前教育专业的高等师范院校，应积极为各地培养幼教师资、幼教干部和幼教科研人员。1985 年 5 月，中共中央发布的《关于教育体制改革的决定》（以下简称《决定》）指出"建立一支有足够数量的、合格而稳定的师资队伍，是实行义务教育、提高基础

[1] 何东昌．中华人民共和国重要教育文献（1976—1990）［G］．海口：海南出版社，1998：1852．
[2] 何东昌．中华人民共和国重要教育文献（1976—1990）［G］．海口：海南出版社，1998：1853．

教育水平的根本大计"，"把发展师范教育和培训在职教师作为发展教育事业的战略措施"。基于上述《决定》精神，1986 年，国家教委印发《关于加强和发展师范教育的意见》，重申师范院校共分三级：第一级是中师（含幼师），招收初中毕业生，学制三至四年；第二级是师专，招收高中毕业生，学制二至三年；第三级是高师本科，招收高中毕业生，学制四年。三级师范教育教师培养的谱系图如下：

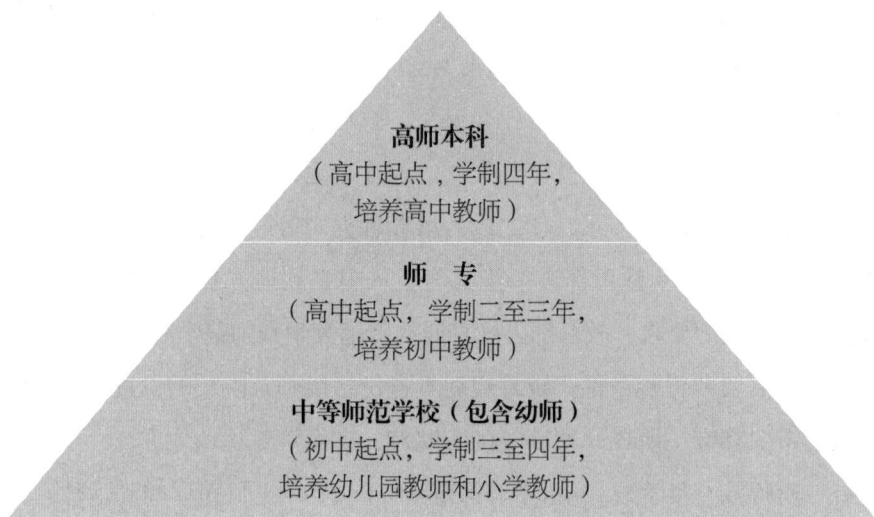

高师本科
（高中起点，学制四年，培养高中教师）

师 专
（高中起点，学制二至三年，培养初中教师）

中等师范学校（包含幼师）
（初中起点，学制三至四年，培养幼儿园教师和小学教师）

图 3.1 师范教育体系图

在国家政策的指导下，我国自 20 世纪 70 年代末开始逐步恢复和建立各级师范院校，仅 1978 年恢复和增设的 169 所普通高等学校中，师范院校就有 77 所，占全部新增高校的 46%。到 80 年代，各级师范院校在健全师范教育体系的大目标下蓬勃发展起来。到 1988 年，我国拥有中等师范学校 1065 所，高等师范学校 262 所，其中师范专科学校 187 所，本科师范院校 73 所。

二、师范教育的教学内容

随着师范教育体系的建立，为了培养合格的师资力量，我国着手设置师范教育教学计划，1952 年、1954—1956 年、1958 年、1963 年确立并先后三次修订各级师范院校教学内容和课时占比。

1952 年我国参照苏联师范学院教学计划初步设定了我国师范教育的教学内容。1954 年进行调整完善，修订了中国语文、俄语、历史、地理、数学、物理、化学、生物、教育（学校教育专业）9 个系的暂行教学计划，并基本确定了师范学院各系教学内容，主要包括四个部分：（1）政治理论科目，包括中国革命史、马克思列宁主义基础、政治经济学及辩证唯物主义与历史唯物主义；（2）教育科目，包括心理学、教育学、教育史、学校卫生以及各科教学法；（3）专业科目，包括各系专业科目以及与之相关联的科目；（4）教育实习，包括教育见习和教育实习。这四类教学内容也成为我国师范院校的核心课程内容。各教学内容在四年教学总时数中所占比重大致为：政治理论学科占 15%，教育学科占 11%，其他共同必修学科（主要指外语、体育）占 9%，教育实习与见习占 11%，专业学科占 54%。[1] 同年教育部又颁布《师范专科学校暂行教学计划》《中等学校师资短训班教学计划（草案）》和《四年制初级师范学校教学计划（修订草案）》，其中，在《四年制初级师范学校教学计划（修订草案）》中，不仅教育科目略有变动，而且教学总时数增加了 148 时，适当加强了语文和体育的教学，以及教育参观实习，并参照初中教学计划，将数学、物理、化学、自然、地理等科的教学时数作了某些增减，并将自然地理、世界地理、中国地理、

---

[1] 何东昌.中华人民共和国重要教育文献（1949—1975）[G].海口：海南出版社，1998：310.

外国历史、中国历史各科的教学次序及教学时数分别加以明确。[1]1956年教育部颁布《师范学校教学计划》和《幼儿师范学校教学计划》，规定了师范学校教学总计学时为 3254 学时，课程内容涉及语文及语文教学法、数学及算数教学法、物理学、化学及矿物学、人体解剖生理卫生、心理学、教育学、教育实习、教学工厂实习、农业生产基本知识及实习等 20 项 31门课。[2]1958 年，教育部印发《关于 1958 学年度中等师范学校教学计划的通知》，通知指出各省、自治区、直辖市按照新教育方针和当地具体情况，因地制宜，对教学计划可以进行调整，但语文、社会主义教育、教育学、生产劳动等科不宜减少。[3]1963 年，教育部又先后印发《高等师范学校教学计划（草案）》和《三年制中等师范学校教学计划草案（征求意见稿）》，对三年制中等师范教学的各类课程占比作了新的规定："政治课约为 7%，文化课约为 64%，教育课约为 14%，体育艺术课约为 15%。"[4]

改革开放以后，我国大力发展师范教育，先后于 19 世纪 80 年代初期、中期和 90 年代中期，对各级师范院校实施课程改革，不断调整、完善课程内容。1980 年 10 月，教育部印发《中等师范学校教学计划试行草案》和《幼儿师范学校教学计划试行草案》。文件规定中等师范学校开设政治、语文、数学、物理学、化学、生物学、生理卫生、历史、地理、外语、心理学、教学法、小学语文教材教法、小学数学教材教法、小学自然常识教学法、体育及体育教学法、音乐及音乐教学法、美术及美术教学法等课，并安排教育实习。幼儿师范学校开设政治、语文、数学、物理学、化学、生物学、历史、地理、外语，幼儿心理学、幼儿教育学、幼儿卫生学（三学），

[1] 何东昌.中华人民共和国重要教育文献（1949—1975）[G].海口：海南出版社，1998：347.

[2] 何东昌.中华人民共和国重要教育文献（1949—1975）[G].海口：海南出版社，1998：613-620.

[3] 何东昌.中华人民共和国重要教育文献（1949—1975）[G].海口：海南出版社，1998：811.

[4] 何东昌.中华人民共和国重要教育文献（1949—1975）[G].海口：海南出版社，1998：1208.

语言及常识教学法、计算教学法、体育及体育教学法、美工及美工教学法、音乐及音乐教学法（五法），舞蹈等课，并设教育实习，三年制的课程总数为3131时，四年制的为3982时。[1]1981年，教育部发布高等师范院校四年制本科文科三个专业的教学计划（试行草案），其后高等师范学校四年制本科数学、物理、化学、生物、地理、体育专业的教学计划（试行草案）也陆续发布。高等师范院校四年制本科的课程内容包含政治理论课，占总课时的5%；外语课，占10%；教育课，占5%；体育课，占5%；专业课占65%；教育实习占10%。[2]

1985年我国启动新一轮教育改革，中共中央颁布《关于教育体制改革的决定》（以下简称《决定》），就高等院校的课程制度改革提出了减少必修课、增加选修课，实行学分制和双学位制等基本要求。师范院校开始按照《决定》要求增加选修课门类，减少必修课。就幼儿师范学校而言，调整后的教学计划，课时数有所削减，其中文化课，三年制1288节，约占总时数的48%，四年制1620节，占49%；教育课，三年制532节，约占19%，四年制532节，约占16%；艺体课，三年制868节，占32%，四年制1186节，占35%；教育实习，三年制9周，四年制11周，四年制还有选修课246节。[3]具体内容中将"三学"依然保留，将"五法"增加为"六法"，将原来的"语言及常识教学法"分离为"幼儿常识教学法"与"幼儿语言教学法"，"三学六法"结构定型。就中等师范学校而言，1986年，国家教委印发《关于调整中等师范学校教学计划的通知》，并将

[1] 何东昌.中华人民共和国重要教育文献（1949—1975）[G].海口：海南出版社，1998：1862-1865.

[2] 何东昌.中华人民共和国重要教育文献（1949—1975）[G].海口：海南出版社，1998：1925-1926.

[3] 何东昌.中华人民共和国重要教育文献（1949—1975）[G].海口：海南出版社，1998：2275.

三年制中等师范学校教学总时数调整为 2880 学时，四年制的教学总时数调整为 3528 ～ 3840 学时。改变原来有些学科课时偏多、学生负担重问题。1989 年，国家教委颁发《三年制中等师范学校教学方案（试行）》，强调中等师范学校的教育教学活动应成为必修课、选修课、课外活动和教育实践有机结合的整体。其中，必修课包括思想政治、文化知识、教育理论、艺术、体育和劳动技术教育等类课程；选修课一般应开设文化知识、小学各科教材教法、艺术、体育以及适应本地经济发展需要的职业技术教育等类课程，一般占总课时的 7%—15%；通过举办讲座，组织兴趣小组等多种形式开展学科、科技、文体以及社会调查等课外活动；教育实践包括参观小学、教育调查、教育见习和教育实习。[1]

20 世纪 90 年代，为了适应新的经济社会发展需求，1993 年，我国发布《中国教育改革和发展纲要》（以下简称《纲要》）。师范院校依据《纲要》要求，并结合新的形势和师范教育改革发展需要修订了各级师范教育教学方案，如 1995 年三年制幼儿师范实施新的《三年制中等幼儿师范学校教学方案（试行）》，课程设置较以前方案有所变化，主要表现在："确定选修课在课程中的地位，丰富了幼师课程结构。方案规定选修课一般应开设文化知识、教育理论、艺术、体育、劳技、外语等类课程，各校可自行决定；课外活动成为课程体系的一个组成部分；必修课中的教育类课程由过去的'三学六法'改为幼儿卫生保育课程、幼儿心理学、幼儿教育概论和幼儿园教育活动的设计与指导四门课程，六法综合为一门课程，变化最大。"[2] 就专科师范教育而言，改革幅度较大，1995 年国家教委师范

［1］何东昌.中华人民共和国重要教育文献（1949—1975）［G］.海口：海南出版社，1998：2868-2869.

［2］李莉.述评我国中等幼儿师范教育机构课程设置的演变历程［J］.学前教育研究，2004（1）：41-42.

教育司发布关于试行高等师范专科教育二、三年制教学方案的通知，明确规定：三年制师范专科设置公共课程，占总学时 25% 左右；学科课程，占 40% ~ 50% 左右；教育课程，占 15% 左右；特设课程，占 10% ~ 20% 左右；实践课程，实习为 4 ~ 6 周，见习为 2 ~ 4 周，社会实践除生产劳动和军政训练安排 4 周外，还应在假期和课余安排；活动课程每周至少 2 小时，每个学生至少参加一项活动。实施主辅修教学，学科课程约 800 学时；辅修课在特设课程中安排，约 400 学时。[1]

---

［1］ 何东昌 . 中华人民共和国重要教育文献（1991—1997）［G］.海口：海南出版社，1998：3767–3769.

第二节 以师范院校为主体、综合大学参与的开放灵活的教师培养体系

许多发达国家都经历了教师培养的改革，其师范教育基本朝着综合大学或普通高等学校的教育学院方向发展，教师培养实现了由封闭式的定向师范教育向开放的非定向师范教育的转变，并取得较好效果，美国率先使用"教师教育"一词。20世纪60年代，"教师教育"逐渐取代"师范教育"成为通用概念。80年代，随着教师专业化运动的兴起和深入推进，以及90年代终身教育理念深入各国，1996年联合国教科文组织在《教育——财富蕴藏其中》的报告中建议把终身教育放在社会的中心位置上，重新考虑并沟通教育的各个阶段。教师终身学习的理念积极影响世界各国，而师范教育向教师教育转型不再只是简单的文字概念上的变化，更多地体现在构建多元、开放、终身的教师培养和培训一体的教师教育体系。

一、师范院校布局调整，实现中小学教师来源多样化

1996年，国家教委发布《关于师范教育改革和发展的若干意见》（以下简称《意见》），提出"健全和完善以独立设置的各级各类师范院校为主体，非师范类院校共同参与，培养和培训相沟通的师范教育体系"。该《意见》

是为了开创 21 世纪师范教育改革和发展的新局面提出来的，开启了我国教师培养的新征程。

1998 年 12 月，教育部实施《面向 21 世纪教育振兴行动计划》，提出：拓宽教师来源、渠道，向社会招聘具有教师资格的非师范类高等学校优秀毕业生到中小学任教，改善教师队伍结构。由此，由非师范类高等学校培养的优秀毕业生也成为中小学教师的来源之一。

1999 年 3 月，教育部印发《关于师范院校布局结构调整的几点意见》，主要涉及以下几方面内容：第一，以师范院校为主体，其他高等学校积极参与，鼓励一批高水平综合大学参与培养中小学教师，形成中小学教师来源多样化的布局。第二，调整师范教育层次结构，逐步升高重心，由三级师范（高师本科、高师专科、中等师范）向二级师范（高师本科、高师专科）转变，推动师范教育资源重组。第三，全国形成一批层次高、规模大、综合实力强的师范大学。教育部与地方共建办好若干所师范大学，省、自治区、直辖市重点办好 1 所师范大学，以本科教育为基础，同时承担研究生教育，建成服务于中小学教育的教学中心、科研中心，并为师范教育发展起主导、骨干、示范作用。以省、自治区、直辖市统筹为主，在有条件的市（地）推进师范专科学校、教育学院和中等师范学校合并，建设一批师范学院或师范专科学校承担中小学教师培养培训任务。第四，到 2003 年，普通高等师范院校、教育学院、中等师范学校从 1997 年的 1353 所调整到 1000 所左右，其中，普通高师院校 300 所左右，中等师范学校 500 所左右。

经过几年的努力，到 2005 年，师范院校布局结构调整初见成效，普通高等师范学校由 1997 年的 232 所减少为 182 所，教育学院由 229 所减少到 80 所，中等师范学校由 892 所减少到 244 所。[1]

---

[1] 数据来源于《中国教育统计年鉴》（1997—2005）。

二、以教师教育强化教师培养

我国的"教师教育"概念是伴随师范教育的开放性逐步提出的。1999年6月，中共中央、国务院出台《关于深化教育改革全面推进素质教育的决定》，指出：调整师范学校的层次和布局，鼓励综合性高等学校和非师范类高等学校参与培养、培训中小学教师的工作，探索在有条件的综合性高等学校中试办师范学院。自此封闭性、定向型的师范教育体系被打破，综合性大学创办教师教育的问题被提到了研究与实践的重要议事日程，教师教育的开放化打开序幕。

为了适应教师专业化的需要，体现教师职业专业性和终身性的根本特点，我国逐步吸取和借鉴发达国家教师教育理论与实践的经验，开始使用"教师教育"这一概念取代传统的"师范教育"概念，来描述专门化的教师培养和培训。2001年5月国务院颁布的《关于基础教育改革与发展的决定》明确提出和使用"教师教育"这一概念，指出完善教师教育体系，深化人事制度改革，大力加强中小学教师队伍建设。2002年3月教育部颁发的《关于"十五"期间教师教育改革与发展的意见》对教师教育作出了相对完整的解释，指出教师教育是在终身教育思想的指导下，按照教师专业发展的不同阶段，对教师的职前培养、入职教育和在职培训的统称"。《教育部2003年工作要点》（以下简称《工作要点》）再次强调，要加快建立开放灵活的教师教育体系，提高办学层次，推进师范院校改革，鼓励综合型大学开展教师教育。该《工作要点》直接奠定了开放型教师教育的基础，教师教育呈现出开放的体制特征。2004年3月，国务院批转教育部《2003—2007年教育振兴行动计划》，文件明确提出"全面推动教师教育创新，构建开放灵活的教师教育体系。改革教师教育模式，将教师教育逐步纳入高等教师体系，构建以师范大学和其他举办教师教育的高水平大学为先导，专科、本科、研究生三个层次协调发展，职前职后教育相互沟通，学历与非学历教育并举，促进教师专业发展和终身学习的现代教师教育体系"。这一规定比较完整地描绘了我国 21 世纪的教师教育体系，反映了教师教育政策发展的基本走向。到 2010 年，《国家中长期教育改革和发展规划纲要（2010—2020 年）》依然强调加强教师教育，构建以师范院校为主体、综合大学参与、开放灵活的教师教育体系。2012 年，国务院出台《关于加强教师队伍建设的意见》，进一步指出"完善教师培养培训体系。构建以师范院校为主体、综合大学参与、开放灵活的中小学教师教育体系"。

从政策层面上看，教师教育的内涵和外延已经远远超过传统师范教育这一概念，而不是简单的由称谓上的师范教育变成教师教育。正如学者所指出的："从教师职业发展的阶段来看，我国传统的师范教育体系更多地涉及了教师的职前培养，对于教师的入职教育和职后培训重视不够；从教师教育机构来看，我国传统的师范教育体系主要包括师范院校，无法涵盖师范院校之外的从事教师培养与培训的社会组织和社会机构。而教师教育的内涵比师范教育更为丰富，既包括教师的职前培养，也包括教师的入职教育和职后培养，从而能够将教师的养成、任用和研修三个阶段连续化，体现出教师教育和教师专业发展的连续性、完整性和终身性。"[1]教师教育在国家政策层面不断被明确，表明我国教师培养和培训体系已发生根本性变革，全新的教师培养和培训体系成为支撑新世纪教师队伍培养和发展的重要保障。

---

[1] 顾明远，檀传宝 . 2004：中国教育发展报告——变革中的教师与教师教育［M］. 北京：北京师范大学出版社，2004：178-179.

三、综合性大学参与教师培养

综合性大学参与教师教育不仅仅是现实之需，更是理论发展、教育实践和政府倡导与规划等的结果。知识经济的兴起、人力资本理论的推动，都说明高质量的教育需求必然导致教师培养的高质量诉求。而面对社会经济发展水平不断提高，人民对生活品质追求的不断提高与教育质量不高的矛盾，传统师范教育相对单一的结构模式与高等教育入学率逐渐提高的冲突，在世界师范教育向教师教育改革趋势的影响下，以及国家对高等教育结构布局调整与师范院校布局结构调整的政策引导下，将不断发生变化，综合性大学参与教师教育成为必然。

综合性大学参与教师培养主要通过以下三种方式：

其一，师范院校同其他院校合并成综合性大学，原来的独立师范院校转变成新大学内的教师教育专业。20世纪90年代，我国高等院校结构布局调整，师范院校同其他院校合并为综合性大学，原来独立的师范院校转变成新大学内的师范教育专业，如1992年临汾师范专科学校并入山西师范大学，同年，扬州工学院、扬州师范学院等6所院校合并成立为扬州大学。于2001年组建的江苏大学，也是由原江苏理工大学、镇江医学院和镇江师范专科学校合并组建的。这些综合大学的师范院校一直参与中小学教师培养的任务。

其二，原有综合性大学主动参与教师教育，开设教师教育类专业或进行高层次人才与研究人才的培养。此种方式可追溯到20世纪90年代高校布局调整期间，如1994年，同济大学设立职业技术教育学院。更多的综合大学参与教师教育的方式是大学设教育科学研究为主的高层次教育学院，如：北京大学于2000年成立教育学院，2003年，以该院为主体成立北京大学基础教育与教师教育中心；2000 年，华中科技大学成立教育科学研究院；2009 年，清华大学也正式成立了教育研究院。

其三，原有师范类院校，通过增加非师范类专业，扩展原有的专业和课程结构转型为综合性大学，如北京师范大学、华东师范大学等依据专业设置自主权，在发展和提高师范教育的同时，设置非师范专业，学科分布覆盖广泛，既有国家重点学科、重点实验室，又有人才培养基地，立足自身优势走向开放和综合。

综合性大学参与教师教育是对教师教育体制改革的积极回应。1997—2002 年，全国独立设置的师范院校从 232 所减少到 203 所，承担教师教育任务的非师范类大学从 77 所增加到 258 所，占培养教师院校总数的 54%，培养教师数占全国高校培养教师数量的 33%[1]。2003 年 11 月，在教育部师范教育司的倡导和支持下，一百多所举办教师教育的非师范院校在厦门召开了全国非师范院校教师教育工作研讨会，成立了全国非师范院校教师教育工作协作会，并发布《非师范院校积极参与教师教育的行动宣言》，强调非师范院校要把潜在优势转化为现实优势，要充分利用学科门类多、学科之间互为支撑与融合的条件，提高教师教育的综合水平，发挥非师范院校的学科优势；要确保教师教育有一支业务精、水平高、师德高尚的师资队伍，着实发挥非师范院校的人才优势；要确保教师教育的资金投入、办学条件，特别要加强适合教师教育需要的各类实验室建设和图书资料建设，为教师教育提供优质的资源保障，发挥非师范院校的综合优势。

---

[1] 依据《中国教育统计年鉴》（1997—2002）测算。

第三节　开放、协同、联动的现代教师教育体系

2018 年 1 月，中共中央、国务院印发《关于全面深化新时代教师队伍建设改革的意见》（以下简称《意见》），提出"经过 5 年左右努力，教师培养培训体系基本健全，职业发展通道比较畅通，事权人权财权相统一的教师管理体制普遍建立，待遇提升保障机制更加完善，教师职业吸引力明显增强。教师队伍规模、结构、素质能力基本满足各级各类教育发展需要。到 2035 年，教师综合素质、专业化水平和创新能力大幅提升，培养造就数以百万计的骨干教师、数以十万计的卓越教师、数以万计的教育家型教师"。该《意见》是新中国成立以来党中央出台的第一个专门面向教师队伍建设的里程碑式的政策文件，将教育和教师工作提到了前所未有的高度，是对于建设高质量的教师队伍作出的重大战略决策，是未来教师队伍建设、教师教育体系完善的行动指南。

一、健全教师教育体系的新时代背景

党的十八大以来，习近平总书记多次就教育和教师工作发表重要讲话，系统回答了一系列方向性、全局性、战略性问题，深刻阐述了新理念、新思想、新战略，形成了习近平总书记关于教育的重要论述，为推动教育事

业科学发展提供了强大思想武器。其中，总书记强调了教师职业的特殊性，指出教师培养的是德智体美劳全面发展的社会主义建设者和接班人、实现中华民族伟大复兴中国梦的主力军。他对广大教师提出了殷切期望，希望广大教师坚持"四个统一"，争做"四有好老师"，做好"四个引路人"；深刻阐释了教师工作的极端重要性，认为要把加强教师队伍建设作为基础工作来抓，让教师成为最受社会尊重的职业；提出要加强教师教育体系建设，加大对师范院校的支持力度，找准教师教育中存在的主要问题，寻求深化教师教育改革的突破口和着力点，不断提高教师培养培训质量。党的十九大报告明确建设教育强国是中华民族伟大复兴的基础工程，提出培养高素质教师队伍。

中国特色社会主义进入新时代，社会主要矛盾已经转化为人民日益增长的美好生活需要和不平衡不充分的发展之间的矛盾。公平而有质量的教育，成为人民美好生活需要的基础前提，必须进一步加强教师队伍建设。面对新方位、新形势，虽然我国提出构建师范教育为主体、综合大学参与的教师培养体系，但教师队伍建设还存在着一些不平衡不充分的问题，如有的地方在教育事业发展中重硬件轻软件、重外延轻内涵的现象还比较突出，师范教育体系有所削弱，有的教师素质能力难以适应新时代人才培养的需要，教师特别是中小学教师职业吸引力不足，教师城乡结构、学科结构分布不尽合理，准入、招聘、交流、退出等机制还不完善，管理体制机制亟须理顺等。基于新时代、新形势、新要求，中共中央、国务院印发了《意见》，为未来教师队伍建设指明方向。

二、振兴教师教育

教师教育是培养教师的关键环节，是教育事业的工作母机，是教师队伍建设的源头活水，是先导性、关键性、基础性工作，是提升教师专业素质能力的关键。《意见》提出："大力振兴教师教育，不断提升教师专业素质能力。"2018年2月，教育部等五部门联合印发《教师教育振兴行动计划（2018—2022年）》（以下简称《行动计划》），进一步明确"发挥师范院校主体作用，加强教师教育体系建设。加大对师范院校的支持力度，不断优化教师教育布局结构，基本形成以国家教师教育基地为引领、师范院校为主体、高水平综合大学参与、教师发展机构为纽带、优质中小学为实践基地的开放、协同、联动的现代教师教育体系"。

《意见》和《行动计划》在明确师德养成的基础上，提出振兴教师教育的几个方面举措：

一是加大对师范院校支持力度，制定师范院校建设标准和师范类专业办学标准，重点建设一批师范教育基地。提高师范专业生均拨款标准，提升师范教育保障水平。改革招生制度，提高生源质量，通过多种方式吸引优质生源报考师范专业，改进完善教育部直属师范大学师范生免费教育政策，将"免费师范生"改称为"公费师范生"，履约任教服务期调整为6年。推进地方积极开展师范生公费教育工作。积极推行初中毕业起点五年制专科层次幼儿园教师培养。部分办学条件好、教学质量高的高校师范专业实行提前批次录取。加大入校后二次选拔力度，鼓励设立面试考核环节，考察学生的综合素养和从教潜质，招收乐教、适教、善教的优秀学生就读师范专业。鼓励有志于从教的优秀学生就读师范专业。开展师范类专业认证，确保教师培养质量。

二是支持高水平综合大学开展教师教育。推动一批有基础的高水平综合大学成立教师教育学院，设立师范专业。创新教师培养形态，突出教师教育特色，重点培养教育硕士，适度培养教育博士。

三是分类提高教师教育质量，提高教师培养层次。办好一批幼儿师范专科学校和若干所幼儿师范学院，支持师范院校设立学前教育专业，培养热爱学前教育事业，以幼儿为本、才艺兼备、擅长保教的高水平幼儿园教师；为义务教育学校侧重培养素质全面、业务见长的本科层次教师；为高中阶段教育学校侧重培养专业突出、底蕴深厚的研究生层次教师。

四是创新教师培养课程、模式等，分类培养高素质专业化的中小学教师、高素质善保教的幼儿园教师。鼓励高水平综合性大学成立教师教育学院，设立师范类专业，招收学科知识扎实、专业能力突出、具有教育情怀的学生，重点培养教育硕士，适度培养教育博士。

五是建设高水平教师教育基地。综合考虑区域布局、层次结构、师范生招生规模、校内教师教育资源整合、办学水平等因素，重点建设一批师范教育基地，发挥高水平、有特色教师教育院校的示范引领作用。加强教师教育院校师范生教育教学技能实训平台建设。国家和地方有关重大项目充分考虑教师教育院校特色，在规划建设方面予以倾斜。推动高校有效整合校内资源，鼓励有条件的高校依托现有资源组建实体化的教师教育学院。

三、加强卓越教师培养

为了培养新时代高素质、优秀的中小学教师，为了切实落实《意见》和《行动计划》，2018 年 9 月，教育部印发《关于实施卓越教师培养计划 2.0 的意见》，明确提出"通过实施卓越教师培养，在师范院校办学特色上发挥排头兵作用，在师范专业培养能力提升上发挥领头雁作用，在师范人才培养上发挥风向标作用，培养造就一批教育情怀深厚、专业基础扎实、勇于创新教学、善于综合育人和具有终身学习发展能力的高素质专业化创新型中小学教师"。经过五年左右的努力，"办好一批高水平、有特色的教师教育院校和师范专业……以师范生为中心的教育教学新形态基本形成，实践教学质量显著提高，协同培养机制基本健全，教师教育师资队伍明显优化，教师教育质量文化基本建立。到2035年，师范生的综合素质、专业化水平和创新能力显著提升，为培养造就数以百万计的骨干教师、数以十万计的卓越教师、数以万计的教育家型教师奠定坚实基础"。通过加强师范生培养，不断优化中小学教师队伍，从源头上把好中小学教师质量关。

卓越教师培养主要通过以下途径：

第一，切实落实师德是教师评价第一标准，从源头上加强师范生师德养成教育。将习近平总书记提出的"四有好老师"标准、"四个引路人"、"四个统一"和"四个服务"等要求细化落实到师范生培养全过程；通过实施导师制、书院制等形式，建立师生学习、生活和成长共同体，充分发挥导师在学生品德提升、学业进步和人生规划方面的作用，提升师范生师德素养；通过开展实习支教、邀请名师名校长与师范生对话交流等形式，切实培养师范生的职业认同和社会责任感。

第二，分类推进卓越中学、小学、幼儿园学校教师培养改革。针对卓越中学教师，重点探索本科和教育硕士研究生阶段整体设计、分段考核、有机衔接的培养模式，积极支持高水平综合大学参与。针对卓越小学教师，重点探索借鉴国际小学全科教师培养经验、继承我国养成教育传统的培养模式。针对卓越幼儿园教师，重点探索幼儿园教师融合培养模式，积极开展初中毕业起点五年制专科层次幼儿园教师培养。

第三，着力提高实践教学质量。全面落实高校教师与优秀中小学教师共同指导教育实践的"双导师制"，为师范生提供全方位、及时有效的实践指导。推进师范专业教学实验室、师范生教育教学技能实训教室和师范生自主研训与考核数字化平台建设，强化师范生教学基本功和教学技能训练与考核。

　　第四，完善全方位协同培养机制。支持建设一批省级政府统筹，高等学校与中小学协同开展培养、培训、职前与职后相互衔接的教师教育改革实验区。鼓励支持高校之间进行交流合作，通过交换培养、教师互聘、课程互选、同步课堂、学分互认等方式，使师范生能够共享优质教育资源。

第四章

教师继续教育

教师培训是提高教师专业能力、促进教师专业发展的重要组成部分，我国教师培训先后经历了学历达标、教师教育一体化下的继续教育和继续教育中的教师专业发展等不同阶段，在各个发展阶段我国确立了不同等级继续教育的目标、课程内容的教育计划，有效提高了教师专业素养和专业能力，促进教师专业发展。

第一节 学历补偿

一、建立专门的培训机构

中华人民共和国成立初期，我国吸收了大量的社会人员充实到中小学教师队伍，以满足中小学教学需求，各级政府在对中小学教师完成思想教育、政治教育任务后，加强其文化知识的学习成为迫切需要。1953 年，全国 150 余万小学教师中，不到初级师范学校毕业水平的达 80%，全国中等学校在职教师不够师专毕业程度的也有 6 万人左右。基于此，政务院先后下达《关于整顿和改进小学教育的指示》和《关于改进和发展中学教育的指示》，强调有计划地组织在职教师进行学习，以提高他们的政治、文化和业务水平。[1]《关于中小学教师进修问题的通报》提出，从 1952 年秋季开始，各大行政区选择适当城市开始筹办教师进修学院 1 所，省选择有条件的县筹办教师业余学校若干所；省市教育厅、局直接筹办或委托师范学校、师范学院举办函授学校 1 所。到 1953 年年底，全国共有进修学院 24 所，约有 5900 多名中等学校教师参加学习，20 多万小学教师参加业余进修学

---

[1] 何东昌 . 中华人民共和国重要教育文献（1949—1975）［G］. 海口：海南出版社，1998：305-306.

校及进修班学习，东北师范大学设函授部，北京、河北、安徽、湖南等省市都举办了函授师范学校或在师范学校内附设函授部。[1]中央教育部也将在职学习补助费用列入预算。中小学教师进修体系逐步形成。

为了恢复"文化大革命"期间遭到严重破坏的基础教育师资队伍，1977年10月，教育部在中小学师资培训座谈会上提出建立和健全省、地、县、公社和学校的师资培训机构，并在12月发布的《关于加强中小学在职教师培训工作的意见》中进一步提出"尽快建立和健全省、地、县、社和学校的师资培训网。省（市、自治区）、地（盟、州）可建立教育学院或教师进修学院；县（旗）可建立教师进修学校。公社可建立培训站，不可设站的，要有专人负责"[2]。1980年教育部印发的《关于师范教育的几个问题的请示报告》提出：各级教师进修院校是培训中小学在职教师和学校行政管理干部的基地。省级教育学院或教师进修学院，相当于师范学院；地（市）级教育学院或教师进修学院，相当于师范专科学校（有些省辖市的教师进修学院，担负培训高中教师任务的，相当于师范学院）；县级教师进修学校，相当于中等师范学校。[3]与教师培养体系同层次的教师培训体系从而建立。

20世纪80年代，教育部开始重视教育管理干部的培训。1982年，教育部专门出台《关于加强普通教育行政干部培训工作的意见》，各地陆续建立教育行政干部培训机构。1983年，国务院同意教育部等部门《关于成立干部管理学院问题的请示》，提出为适应新时期对干部教育经常化、正

[1] 何东昌.中华人民共和国重要教育文献（1949—1975）[G].海口：海南出版社，1998：169.298.

[2] 何东昌.中华人民共和国重要教育文献（1976—1990）[G].海口：海南出版社，1998：1588.

[3] 何东昌.中华人民共和国重要教育文献（1949—1975）[G].海口：海南出版社，1998：169.298.1850-1851.

规化、制度化的要求，举办专门培训在职管理干部的院校，办学层次相当于高等学校专科水平。该政策发布后，我国一些地方建立了教育干部管理学院。

截至 1989 年年底，"我国建立教育学院 265 所，教师进修学校 2153 所，各级教师进修院校的办学条件不断得到改善，各省已建立了省、市（地）、县、乡、校的在职教师培训机构"[1]。见下图：

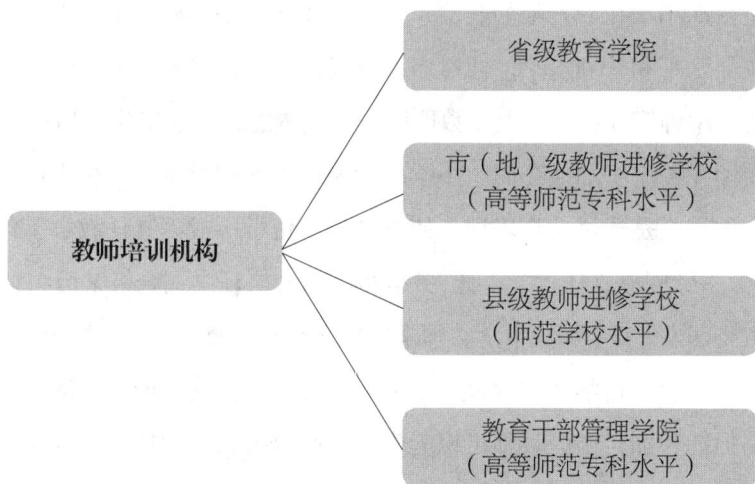

图 4.1　教师培训机构

二、树立培训目标

对专门培训机构确立了明确的培训目标和任务，如：新中国成立初期的小学教师进修主要是对实际文化程度在高小毕业以上，但又不足初级师范毕业程度的小学教师（包括幼儿教养员），给以一定期限的培训，使其

---

[1]　何东昌.中华人民共和国重要教育文献（1976—1990）[G].海口：海南出版社，1998：3060.

在主要学科方面能够达到初级师范毕业水平;中学教师培训目标是把现有中等学校教师不够师专毕业程度的提高到师专毕业程度。

改革开放以来,我国建立了正规化、规模化的三级教师培训体系,促使中小学教师达到国家要求的学历水平。教育学院的目标是提高中学在职教师的政治、文化、业务水平,有计划分期分批地提高教育行政干部的思想政治水平、教育理论水平和管理水平,开展教育研究;教师进修学校的目标是提高小学在职教师的政治、文化、业务水平,提高小学教育行政干部的领导水平和管理水平,通过多种形式进修,使多数小学教师实际文化水平达到中师毕业程度,大多数能胜任和基本胜任教学工作。1986 年,国家教委印发《关于加强在职中小学教师培训工作的意见》,指出:师资培训工作的重点是通过认真培训,使不具备合格学历或不胜任教学工作的教师,绝大多数能够胜任教学工作,并取得考核合格证书或合格学历。1992 年,国家教委印发《关于加快中学教师学历培训步伐的意见》,要求"建立函授、卫星电视教育、自学考试教育'三沟通'的培训方式,最大限度地把学历不合格但能参加自学的教师组织起来,按照分类指导的原则,分期分批进行培训"。大量学历不合格的教师通过这类培训实现了学历达标。"中小学教师凡学完规定课程,经过考核全部及格,确定在所教学科分别达到师范学院、师专、中师毕业程度的,由进修单位发给毕业证书,承认其学历,与全日制同等学校毕业的学生享受同等待遇。"[1]

经过各级教育学院和教师进修学校的培训,"到 1989 年年底,小学教师达到中师学历的比率已从 1977 年的 47.1% 上升到 71.4%;初中教师达到高师专科学历的比率从 1977 年的 9.8% 上升到 41.3%;高中教师达到本

---

[1]《中国教育年鉴》编辑部.中国教育年鉴(1949—1981)[M].北京:中国大百科出版社,1984:204.

科学历的比率从 1977 年的 33.2% 上升到 43.5%"[1]。

三、确立培训课程

中小学教师培训课程内容的设置是不断完善的，新中国成立初期，"针对中小学教师面临教学方法和文化知识不足等问题，所开展的培训内容主要是让教师学习文化科学知识、教学方法等内容，主要开设语文教学、算数教学、常识教学及小学行政与生活指导课程"[2]。对于各级教育行政管理人员的培训主要是采取政治与业务并重的原则，课程内容着重一般政策、教育政策、教育行政、教育实际问题等，同时涉及教育学、心理学，以此提高教育管理者的政治业务素质和领导水平。

改革开放以后，为了提高在职培训的教育质量，使文化程度未达到国家规定，教学能力低于国家要求的教师能快速胜任教学工作，教育部提出各省、自治区、直辖市可参考高等师范学院、高等师范专科学校、中等师范学校的教学计划、教学方案制定中小学在职教师进修的暂行教学计划。国家也按此方针制定了相应的教学计划，各地方可据此调整、完善中小学教师进修培训教学计划。1982 年，教育部颁布中学教师进修高等师范学校12 科专科专业和 7 个本科专业的教学计划试行草案，该试行草案是参照全日制本科四年制师范学院的教学计划和高师二年制专科的教学计划而制定的，明确了学制、总学时、各学科科目及上课时数；在颁布的《小学教师进修中等师范教学计划（试行草案）》中，规定"教师离职进修为学制 2 年，

---

［1］ 1977 年高中数据来自《关于加强和发展师范教育的意见》，其他数据来自《全国中小学教师继续教育工作座谈会会议纪要》。

［2］ 中国教育工会全国委员会，中华职业教育社合办业余函授师范学校的经验［J］.人民教育，1952（10）：20—23.

总计 1960 学时，具体科目和上课时数为：政治（140 学时）、语文［文选
与写作（420 学时）、语文基础知识（144 学时）、小学语文教材教法（68
学时）］、数学［算数基础知识（72 学时）、小学数学教材教法（68 学时）、
代数与初等函数（228 学时）、几何（156 学时）］、教育学（68 学时）、
心理学（72 学时）、自然（242 学时）、史地（108 学时）、体育（106 学时）、
音乐或美术（68 学时）"[1]。此后，虽然教师进修的教学计划又有所调整，
但基本都是按照高等师范学院、高等师范专科学校、中等师范学校的教学
计划进行调整，在一定程度上保证了教师进修学习的质量。

---

[1] 何东昌 . 中华人民共和国重要教育文献（1976—1990）［G］. 海口：海南出版社，1998：2036.

第二节　教师教育一体化下的继续教育

随着我国继续教育准备工作的完成和教师教育的兴起，我国中小学教师培训体系发生重大变革。伴随独立的教师培训机构的撤并，我国逐步形成新的教师培训机构，并纳入了教师教育一体化改革体系中，如此，既有职前培养和在职培训相统一的观念转变，又有统一的教师教育机构的建立，还有职前、入职、在职相统一的终身发展。

一、独立培训体系的瓦解

随着综合大学参与教师培养策略的提出，独立的教师培训体系也开始发生变化。早在 20 世纪 90 年代初期，为了实现教师培养的大学化，以及高等学校的资源整合，教育学院和少数教师进修学校就成为师范院校合并、升格运动的参与者，如辽宁省把辖区内几乎所有的教育学院合并在师范专科学校内，名称上取消教育学院的称谓，只保留师范专科学校的名称，在机构上实现了职前职后的整合，同时这些师范专科学校既肩负培养任务，又负责培训工作。20 世纪 90 年代后期，为了提高师范教育的效益和质量，国家全面开启师范学校布局调整，省级教育学院与师范院校进入合并高潮，教育学院有的被合并在师范专科学校和师范学院内，有的被合并后升格为师范学院，其教师教育的职能依然保留，教师继续教育的职能也因此得以继续保留。

与此同时，有些教育学院虽然未被合并，但改名为师范院校，成为包括教师职前培养和在职培训功能的教师教育机构，同时承担教师职前培养和在职培训的任务。在这一过程中，县级教师进修学校得以保留，教育部强调"每县要办好1所教师进修学校，经过加强、充实、提高，主要承担小学教师继续教育任务，并作为中学教师继续教育工作辅导站"[1]。基于此，原有独立的教师培训体系已不复存在。

二、职前职后一体化教师教育体系的形成与发展

独立的教师培训体系虽然瓦解，但教师培训伴随职前职后一体化教师教育的兴起，不仅一体化体系不断发展完善，而且教师继续教育的质量在这一过程中也不断得到提高。

从1998年我国实施《面向21世纪教育振兴行动计划》开始，各级师范院校承担起教师继续教育的任务。在这一过程中，6所部属师范大学和一些综合性的大学承担着培训1万名国家级骨干教师的重任，"截至2001年年底，由教育部首次举办的万名骨干教师国家级培训集中阶段的培训全部结束。培训涉及中小学语文、数学等12个学科。北京师范大学、华东师范大学、东北师范大学、华中师范大学等38个单位承担了培训任务"[2]。1999年，教育部颁发《中小学教师继续教育规定》明确"参加继续教育是中小学校教师的权利和义务"。"中小学教师继续教育分为学历教育和非学历教育。各级教师进修院校和普通师范院校在主管教育

[1] 何东昌：中华人民共和国重要教育文献（1998—2002）[G].海口：海南出版社，2003：241.
[2] 《中国教育年鉴》编辑部.中国教育年鉴2002[M].北京：人民教育出版社，2002：246.

行政部门的领导下，具体实施中小学教师继续教育工作。"[1]自此，师范院校成立了教师培训学院或继续教育学院，与独立的教师进修院校共同承担中小学起教师继续教育的任务。

进入 21 世纪，教育部进一步构建新的教师培训体系，2003 年启动实施"全国教师教育网络联盟计划"，提出高水平师范大学和其他举办、支持教师教育的大学及各类教师教育机构、专业机构，以区域教师学习与资源中心为服务支撑，教师教育系统和卫星电视网、计算机互联网相融通，形成共建共享优质教育资源的教师学习型组织协作体。形成远程教育与学校教育相结合，远程教育与面授、自学相结合，网上授课、收视与答疑辅导相结合的"课程超市"模式，实行学分制开放管理。[2]2004 年，教育部印发《关于加快推进全国教师教育网络联盟计划组织实施新一轮中小学教师全员培训的意见》，提出构建以师范院校、其他举办教师教育的高校和教育机构为主体，以高水平大学为先导和核心，区域教师学习与资源中心为支撑，中小学校本研修为基础，职前职后教育一体化，学历教育与非学历教育相沟通，覆盖全国城乡、开放高效的教师教育网络体系，共享优质教育资源，提高教师培训的质量水平。

为了更好地发挥县级培训教师进修学校的作用，2002 年，教育部发布《关于加强县级教师培训机构建设的指导意见》，要求按照小实体、多功能、大服务的原则加强县级教师培训机构建设。整合县级教师进修学校和县级电教、教研、教科研等相关部门的资源，构建新型的现代教师培训机构。2005 年，教育部印发《关于开展示范性县级教师培训机构评估认定工作的通知》及《示范性县级教师培训机构评估标准》，提出从 2005 年到 2007 年，在全国范围内组织评估认定 150 所左右示范性县级教师培训机构。在这期

---

[1] 何东昌.中华人民共和国重要教育文献（1998—2002）[G].海口：海南出版社，2003：371.
[2] 管培俊.改革创新加快转折，实现教师教育的跨越式发展[J].中国高等教育，2003（24）：12-13.

间，"地方县级教师培训机构不断创新制度管理，河北望都县实行了'上挂横联下延伸'制度，即上挂高等院校，横联先进的兄弟学校，下延伸自己办的附属中小学，形成了立体化的教师研修机构"[1]。2011年，教育部办公厅下发新的《示范性县级教师培训机构评估标准》，依据此标准，要求2012—2015年间，在全国范围内组织评估认定约200所示范性县级教师培训机构，每年评估认定约50所。我国形成了师范院校、非师范院校、教育机构多方参与的教师培训体系。

2010年以后，随着《教育规划纲要》的颁布和《关于加强教师队伍建设的意见》的实施，我国制定了教师专业标准、教师教育课程标准，并将教师培训经费列入政府预算，对教师实行每五年一周期360学时的全员培训，教师培训体系日渐完善。见下图：

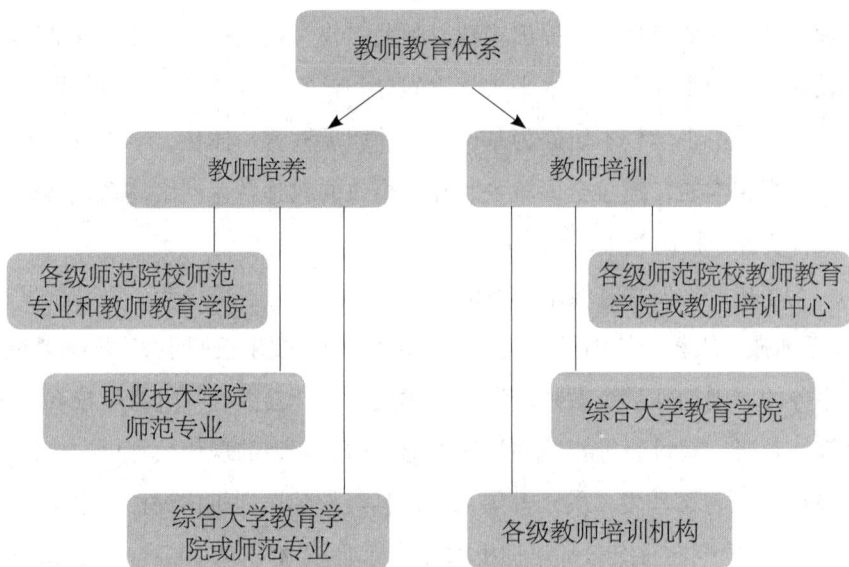

图 4.2 教师教育体系

[1] 续梅.研训融合促教师专业成长——河北整合县级教师培训机构创建区域性教师培训中心 [N].中国教育报，2005-04-14.

三、培训目标的转变

从新中国建立到 20 世纪 90 年代，我国教师进修、培训主要以提升学历为基本目标。90 年代以后，随着国际继续教育和终身学习教育理念的深入推进，我国的中小学教师培训目标开始发生转变。1990 年，国家教委在全国中小学教师继续教育工作座谈会上提出："从总体上看，再过 2 ~ 3 年绝大多数教师将达到国家规定学历。再过 5 ~ 6 年大部分中学教师也将达到国家规定学历。对已达到国家规定学历的教师进行以提高政治思想素质和教育教学能力为主要目标的培训，通过培训，使每个教师都在现有基础上得到进一步提高，并培训出一定数量的骨干教师和学科带头人，使其中一部分逐步成为中小学教育教学专家。"[1] 兼顾学历和非学历的培训形式得以确立，在非学历培训中，以提高政治素质和教育教学能力为主要目标，在培训人员上，不仅面向每个教师，还提出了开展分层次培训，即面向全体教师和骨干教师不同层次教师的培训。

20 世纪末 21 世纪初，中小学教师培训的培训周期、培训学时、培训类别、培训人员类型进一步得到明确。如 1999 年教育部确定"中小学教师继续教育要以提高教师实施素质教育的能力和水平为重点"。这里的能力和水平主要包括：师德、专业知识和能力、理论和实践水平、教学科研能力、教育技术应用能力。培训类别中虽然依然有学历教育，但主要是对具备合格学历的教师进行的提高学历层次的培训。非学历教育分为三类：新任教师培训，即为新任教师在试用期内适应教育教学工作

---

[1] 何东昌 . 中华人民共和国重要教育文献（1976—1990）［G］. 海口：海南出版社，1998：3060–3061.

需要而设置的培训，培训时间应不少于 120 学时；教师岗位培训，即为教师适应岗位要求而设置的培训，培训时间每五年累计不少于 240 学时；骨干教师培训，即对有培养前途的中青年教师按教育教学骨干的要求和对现有骨干教师按更高标准进行的培训。

2010 年，在教育部《教育规划纲要》中，提出 2010 年至 2020 年"对教师实行每五年一周期的全员培训。加大民族地区双语教师培养培训力度。加强校长培训，重视辅导员和班主任培训"，特别强调了民族地区双语教师的培训，同时在培训群体上，更为关注校长、班主任的培训。2012 年，教育部进一步提出"采取顶岗置换研修、校本研修、远程培训等多种模式，大力开展中小学、幼儿园教师特别是农村教师培训"，将农村教师、幼儿园教师培训进一步提上日程，并通过多种模式有效开展。在农村教师培训中，2015 年，我国启动实施《乡村教师支持计划（2015—2020 年）》，在该计划的指导下，2016—2017 年，教育部研究制定了《送教下乡培训指南》《乡村教师网络研修与校本研修整合培训指南》《乡村教师工作坊研修指南》《乡村教师培训团队置换脱产研修指南》《乡村校园长"三段式"培训指南》《乡村校园长"送培进校"诊断式培训指南》《乡村校园长工作坊研修指南》《乡村校园长培训团队研修指南》等乡村教师和校园长培训指南，旨在不断提高乡村学校教育质量。教育部办公厅提出通过"采取任务驱动方式，定期开展送教下乡培训，以送教下乡培训带动校本研修，创新乡村教师培训模式，提升乡村教师培训实效"；通过"大力推行网络研修与校本研修整合培训，有效利用教师网络研修社区，为乡村学校持续提供专家指导和优质课程，建立校本研修常态化运行机制，推进乡村教师边学习、边实践，不断提升教育教学能力"；通过"依托骨干教师组建工作坊，带动乡村教师开展工作坊研修，打造信息技术环境下的教师学习共同体，推进骨干引领全员的常态化研修"。通过培训，不断提高各类教师的专业能力，提升教师专业发展水平。2016 年，为进一步完善五年一周期的教师全员培训制度，进一步激发教师参训动力，促进教师终身学习，不断提升教师能力素质，教育部颁发《关于大力推行中小学教师培训学分管理的指导意见》（以下简称《指导意见》），提出"构建培训学分标准体系，科学规划培训课程，积极推行教师培训选学，完善培训学分审核认定制度，建立健全培训学分转换与应用机制，深化教师培训管理改革，进一步提升培训质量"。该《指导意见》对新时代教师培训体制的提升，教师参培主动性的提高有着重要作用。

在培训目标不断变化的过程中，我国教师培训课程也走向标准化。2011 年，教育部发布《关于大力推进教师教育课程改革的意见》，实施"教师教育课程标准"，规定在职教师教育课程要满足教师专业发展的多样化需求，充分利用教师自身的经验与优势，进一步深化和发展职前教师教育的课程目标，引导教师加深专业理解、解决实际问题、提升自身经验、促进教师专业发展。这为教师培训提供了可遵循的课程标准。

第三节　新时代教师培训促专业发展

一、各项教师专业标准为专业发展打下坚实基础

为了切实落实《教育规划纲要》，构建教师队伍建设标准体系，2012年，教育部发布《幼儿园教师专业标准（试行）》《小学教师专业标准（试行）》和《中学教师专业标准（试行）》（以下简称《专业标准》）并印发通知。通知明确《专业标准》是国家对合格教师专业素质的基本要求，是教师培养、准入、培训、考核等工作的重要依据。《专业标准》提出的"师德为先、学生为本、能力为重、终身学习"的基本理念为教师专业发展指明了方向，教师培训内容指向也进一步明确。2014年，为全面提升中小学教师的信息技术应用能力，促进信息技术与教育教学深度融合，教育部办公厅发布《中小学教师信息技术应用能力标准（试行）》（以下简称《能力标准》），提出应用信息技术优化课堂的能力为基本要求，主要包括教师利用信息技术讲解、启发、示范、指导、评价等教学活动应具备的能力。为了进一步提升在职教师信息技术能力，教育部办公厅发布《中小学教师信息技术应用能力培训课程标准（试行）》，提出依据《能力标准》对中小学教师信息技术应用能力的基本要求和发展性要求，设置"应用信息技术优化课堂教学""应用信息技术转变学习方式"和"应

用信息技术支持教师专业发展"3 个系列的课程，共 27 个主题，帮助教师提升信息技术素养，应用信息技术提高学科教学能力、促进专业发展。2017 年，为进一步规范和指导五年一周期教师全员培训工作，分层、分类、分科组织实施教师培训，提高教师培训的针对性和实效性，教育部办公厅印发《中小学幼儿园教师培训课程指导标准（义务教育语文学科教学）》《中小学幼儿园教师培训课程指导标准（义务教育数学学科教学）》《中小学幼儿园教师培训课程指导标准（义务教育化学学科教学）》（以下简称《指导标准》），从师德修养、学科教学、班级管理、学习与发展四个维度建立完善的标准体系。该《指导标准》是各级教师培训机构、教研机构以及中小学设置教师培训课程、开发和选择教师培训课程资源的基本依据，也是中小学教师规划个人专业发展和自主选择培训课程的根本指南。

根据《专业标准》《能力标准》设置的各类培训课程指导标准为地方教师培训机构开发中小学教师培训课程、完善培训内容提供了依据，也为校本培训提供了培训依据，同时教师个人也可依据个人需要，选择课程，实现按需培训、自主专业发展的目标。

二、教师培训的新部署

党的十九大的召开，开启了教育和教师队伍建设的新篇章。从 2018—2019 年，我国出台多项教师队伍建设和教育现代化的指导性政策文件，这是国家立足新时代作出的重大战略决策。

2018 年 1 月，为深入贯彻落实党的十九大精神，中共中央、国务院印发《关于全面深化新时代教师队伍建设改革的意见》（以下简称《意见》），为造就党和人民满意的高素质专业化创新型教师队伍指明了方向，通过提高培养培训质量,奠实教师专业素养。《意见》明确提出:开展中小学教师全员培训,促进教师终身学习和专业发展。转变培训方式,推动信息技术与教师培训的有机融合,实行线上线下相结合的混合式研修。改进培训内容,紧密结合教育教学一线实际,组织高质量培训,使教师静心钻研教学,切实提升教学水平。推行培训自主选学,实行培训学分管理,建立培训学分银行,搭建教师培训与学历教育衔接的'立交桥'。建立健全地方教师发展机构和专业培训者队伍,依托现有资源,结合各地实际,逐步推进县级教师发展机构建设与改革,实现培训、教研、电教、科研部门有机整合。继续实施教师国培计划。鼓励教师海外研修访学。加强中小学校长队伍建设,努力造就一支政治过硬、品德高尚、业务精湛、治校有方的校长队伍。面向全体中小学校长,加大培训力度,提升校长办学治校能力,打造高品质学校。实施校长国培计划,重点开展乡村中小学骨干校长培训和名校长研修。支持教师和校长大胆探索,创新教育思想、教育模式、教育方法,形成教学特色和办学风格,营造教育家脱颖而出的制度环境。

《意见》所提出的规定,从培训目标看,是为了促进教师终身学习和专业发展;从培训群体看,首先是面向中小学教师开展全员培训,其次是面向全体中小学校长开展培训,再次是重点开展乡村中小学骨干校长培训和名校长研修;从培训方式看,着重强调推动信息技术与教师培训的有机融合,实行线上线下相结合的混合式研修;从培训内容看,强调实践培训;从培训管理看,强调自主选学,实行学分管理;从培训机构看,重点在地方教师发展机构建设和专业培训者队伍建设,尤其关注县级教师培训机构的改革,为最基层的教师提供优质的培训管理平台。

《教师教育振兴行动计划(2018—2022年)》,提出未来五年内建设"高校与中小学协同开展教师培养培训、职前与职后相互衔接的教师教育改革实验区,带动区域教师教育综合改革,全面提升教师培养培训质量……发挥'国培计划'示范引领作用，加强教师培训需求诊断，优化培训内容，推动信息技术与教师培训的有机融合，实行线上线下相结合的混合式培训"。《计划》强调教师教育一体化，高校和中小学协同开展培训，通过创新推动改革，旨在提高培训质量，强调按需培训、线上线下有机结合。

2019年2月，中共中央办公厅、国务院办公厅印发《加快推进教育现代化实施方案（2018—2022年）》；中共中央、国务院发布《中国教育现代化2035》，针对教师队伍培训提出强化职前教师培养和职后教师发展的有机衔接。夯实教师专业发展体系，推动教师终身学习和专业自主发展，进一步强调通过职前职后一体化有效衔接，有效推动教师终身学习和专业自主发展，进而切实扎实推进教师专业发展。《教育部教师工作司2019年工作要点》，明确提出大力推动教师专业发展。实施义务教育'三科'教材和高中新课程国家级培训。启动中小学教师信息技术应用能力提升工程2.0。研制出台中小学师德修养等教师校长培训课程标准，推动分层分类培训。未来几年，教育部还将分批出台16个学科领域的幼儿园和义务教育教师培训课程指导标准、中小学校长培训课程指导标准、县级教师发展机构建设标准等。逐步健全的教师培训课程标准体系，将为培养新时代高素质教师把好质量关。

三、地方教师培训创新

为贯彻落实中共中央、国务院《关于全面深化的新时代教师队伍建设改革的意见》，省级政府相继出台相关政策，因地制宜提出了适合本地区教师培训的具体要求，为未来提高教师专业素质、促进教师专业发展提供保障。

上海市提出创新基础教育教师在职培养培训机制。科学构建由市、区两级教师教育平台和高校、中小学（幼儿园）等共同参与的在职教师全员全过程全方位培养培训体系；健全研修一体化发展机制，构建以学校为整体、以学校发展和教育教学实践变化为条件、以满足教师个性发展为导向的教师培训机制。

重庆市提出加强中小学教师专业发展支持服务体系建设，充分发挥市级中小学教师发展中心的作用，推进区县教师发展机构建设与改革，到2020年，各区县实现培训、教研、电教、科研等部门有机整合。吸收培育优秀人才充实研训队伍，充分发挥其促进教师专业发展的职能。推进"互联网＋教师专业发展"建设。

江苏省提出完善省、市、县、校四级培训体系。建好省级教师培训机构，做强市级教师发展学院，重点推进县级教师发展中心建设，开展教师发展示范基地校建设，为教师专业发展提供支持服务。各地按照不低于当地教师工资总额的15%安排教师培训经费，督促指导中小学、幼儿园和中等职业学校按照年度公用经费预算总额的5%安排校内教师培训经费。

广东省提出加强和改进中小学教师继续教育工作，促进教师终身学习和专业发展。加强培训支持体系建设，健全以省、市、县中小学教师发展中心为主体的教师发展支持体系，充分发挥省级中小学教师发展中心的引领、带动、辐射作用，市、县整合培训、教研、电教、科研等相关资源，推进本级教师发展中心建设。

福建省围绕"高素质"这一关键词，分学段提出教师素质能力提升具体举措。加强各级教师发展机构建设，明确到2022年县级教师进修学校全面实现办学标准化，并建成若干所示范校。

第五章

"国培计划"

　　"国培计划"是加强中小学教师特别是农村教师队伍建设的一项重要的示范性举措。2010 年我国正式实施该计划，该计划发展经历三个阶段：初始准备，稳定探索，深化丰富。通过科学设计、统筹安排、整合资源、创新模式，对提升中小学教师培训质量尤其是农村教师培训质量产生了重要的政治效果、引领效果和专业发展效果。

第一节 什么是"国培计划"

"国培计划"是中小学教师国家级培训计划的简称。根据党的十七大关于"加强教师队伍建设，重点提高农村教师素质"的要求和《国家中长期教育改革和发展规划纲要（2010—2020 年）》的精神，为进一步加强教师培训，全面提高教师队伍素质，教育部、财政部决定从 2010 年起实施"中小学教师国家级培训计划"（以下简称"国培计划"）。[1]一直到现在，我国依然连续实施该计划，在这一过程中，国培计划不断深入发展、改革，为提高中小学教师尤其农村教师整体素质发挥了重要作用。

一、实施"国培计划"的意义与价值

"国培计划"是提高中小学教师特别是农村教师队伍整体素质的重要举措，对于推进义务教育均衡发展、促进基础教育改革、提高教育质量具有重要意义。

---

[1] 2008 年 4 月，教育部办公厅下发《关于印发〈2008 年中小学教师国家级培训计划〉通知》。这是教育部首次下发中小学教师国家级培训的通知，要求各地教育行政部门要高度重视教师培训工作。到 2010 年，则要求各省教育厅和财政厅共同努力，中央财政大力投入资金，"国培计划"上升为国家行动。

经过多年的努力，21 世纪的前十年，我国教育取得显著成效，通过先后实行"两免一补""免除农村义务教育阶段学生学杂费""免除城市义务教育阶段学杂费"等举措，到 2008 年，真正实现了免费的义务教育。但我国基础教育尚存在校际差距、城乡差距、区域差距的现实问题，为了有效改变和解决这一问题，我国逐步将教育均衡发展和提高教育质量作为教育发展和改革的重点。如：2010 年《教育规划纲要》明确规定"均衡发展是义务教育的战略性任务。建立健全义务教育均衡发展保障机制"，开启了我国义务教育均衡发展的新征程。2010 年 1 月 4 日，教育部发布《关于贯彻落实科学发展观 进一步推进义务教育均衡发展的意见》，提出"以提高教育质量、促进内涵发展为重点，推进义务教育均衡发展"，并明确强调，到 2012 年实现义务教育区域内初步均衡，2020 年实现区域内基本均衡。教师是促进均衡发展和提高教育质量的核心要素，为了进一步提高农村教师队伍整体素质，我们实施了"国培计划"。

"国培计划"包括"中小学教师示范性培训项目"和"中西部农村骨干教师培训项目"两项内容，主要通过创新培训机制，采取骨干教师脱产研修、集中培训和大规模教师远程培训相结合的方式，对中西部农村义务教育骨干教师进行有针对性的专业培训。2012 年，教育部研制《"国培计划"课程标准（试行）》，为培训课程设计与方案研制提供了重要依据，也为真正促进教师专业发展提供了依据。另一方面，《关于实施"中小学教师国家级培训计划"的通知》提出中央实施"国培计划"旨在发挥示范引领、"雪中送炭"和促进改革的作用。"示范引领"主要是通过骨干教师培养、培训模式创新，实现培养"种子"、搭建"模子"和探索"路子"，为全国范围内教师培训提供经验，为"省培""市培""区县级培训"和"校本培训"做出示范；"雪中送炭"主要是以支持中西部省份农村教师培训为重点，分类、分层、分岗、分科大规模组织教师培训，向农村教育、农村教师倾斜，助力农村教师专业能力提升；"促进改革"则是推动教师教育改革，推动高等师范教育和参与培养中小学教师的综合大学参与到中小学教师培训中来，切实推进教师教育一体化，同时，通过提升教师专业能力，促进和深化基础教育课程教学改革。

二、"国培计划"的主体结构

"国培计划"主要包含两大块，即中小学教师示范性培训项目和中西部农村骨干教师培训项目。

中小学教师示范性项目是为全国中小学教师培训培养骨干，做出示范，并开发和提供一批优质培训课程教学资源，为"中西部农村骨干教师培训项目"和中小学教师专业发展提供有力支持。中小学教师示范性培训项目分为两类：一类是中小学骨干教师培训，另一类是中小学教师远程培训。骨干教师培训主要面向18000名中小学骨干教师、3000名骨干班主任教师、6000名农村中小学紧缺薄弱学科骨干教师、3000名教师培训者四类人员，主要通过为期10~15天的集中培训开展，全面提升骨干教师的教育教学能力和水平，使他们在推进基础教育课程改革、实施素质教育和教师培训等方面发挥骨干带头和辐射作用。中小学教师远程培训主要是发挥现代远程教育手段，采用远程培训为主的方式，对60万名农村义务教育阶段学校教师进行40学时的针对性培训，帮助农村教师解决在实施素质教育和基础教育课程改革过程中面临的主要问题，提高实施新课程的能力和水平；对30万名高中教师进行50学时专题培训，购买和开发一批新课程教师培训优质资源，供各地免费共享，提高教师实施新课程的能力和水平。

中西部农村骨干教师培训项目主要包括三项，即农村中小学教师置换脱产研修、农村中小学教师短期集中培训、农村中小学教师远程培训。其中，农村中小学教师置换脱产研修，主要是加强高水平师范院校和优质中小学联合培训，通过各种支教教师，置换出农村骨干教师到培训院校和优质中小学开展为期 3～6 个月的脱产研修，提高教师专业能力和教育教学水平，使其成为在实施素质教育中发挥辐射作用的带头人；农村中小学教师短期集中培训是遴选高水平师范院校、综合大学和教师培训机构，采取集中培训方式，对农村中小学学科教师进行短期培训，对紧缺学科教师采取集中培训和远程跟踪指导相结合的方式，促进教师教育教学水平的提高和专业能力的发展；农村中小学教师远程培训是通过遴选具备资质的高等学校和远程教育专业机构，实施中西部农村中小学教师远程培训，采取线上线下混合方式开展学习培训，让更多农村地区教师共享优质培训资源，促进中西部农村教师整体素质的全面提升。

第二节 "国培计划"的政策变迁

"国培计划"的发展与国家政策引导密不可分,教师培训政策直接影响了教师培训工作的发展。2010年,教育部、财政部联合下发《关于实施"中小学教师国家级培训计划"的通知》,我国启动实施"国培计划",自此,开启了我国中小学教师培训具有划时代意义的重要篇章。截至目前,国家每年均下发年度"国培计划"通知,不断深入推进该计划的实施。"'国培计划'重构教师培训的理念与价值、建立教师培训的顶层设计制度、实施教师培训的项目管理、建立培训项目的招投标制度、注重培训机构资质与专家团队建设、研发课程标准规范教师培训内容、创设置换脱产研修和混合式培训等多元的教师培训模式、重视培训课程资源的生成与管理、尝试建立多种有效的培训绩效评估制度、促进职前职后一体化的教师教育新体系的建立。"[1]"国培计划"是一个包含了从国家到地方、从政策到实践、从理念到行动、从项目到管理、从设计到实施、从内容到方式、从过程到绩效等在内的多类型多层级多因素的整体系统。

从2010年到2019年末,"国培计划"已连续实施10年。以每年发布的标志性政策文件为依据,"国培计划"经历了三个阶段,每个阶段都

---

[1] 李瑾瑜,王建."国培计划"对我国教师培训的创新性贡献[J].教师发展研究,2017(2):1-9.

兼顾同期的教师相关政策，且自身政策前后衔接、不断完善，在整个实施过程中发挥了整体功能。

一、建章立制

"国培计划"实施的最初两年，是该计划确定顶层设计，建章立制的阶段。2010 年，教育部、财政部印发《关于实施"中小学教师国家级培训计划"的通知》，对"国培计划"实施的背景、目的、任务、重点等内容进行了详细说明，确定了"国培计划"的"中小学教师示范性培训项目"和"中西部农村骨干教师培训项目"两项内容，并从"精心筹划，精心组织""创新模式，务求实效""竞争择优，确保质量""整合力量，共享资源"等四个方面提出了具体的实施要求和战略部署，同时也从组织领导、督促检查、规范经费管理三个方面明确对培训项目的组织管理作出规定。为了提高"国培计划"项目绩效，保证培训的效果和质量，教育部办公厅印发《关于加强国培计划项目绩效考评工作的意见》，明确规定：以不断提高培训质量和建设高素质专业化教师队伍为目标导向，建立和完善"国培计划"绩效考评内容和方式方法，逐步实现绩效考评工作的科学化和规范化。遵循实事求是、客观公正、科学有效、分类考评的原则开展绩效考评。绩效考评是对"国培计划""各项目的设计、实施、绩效目标的实现程度、批准预算的执行情况等内容进行的综合性考评"。要"及时反馈考评结果，建立激励约束机制"，切实保障培训效果和质量。与此同时，教育部对"国培计划"教师培训机构的遴选作了阐述和规定，对专家库人选的遴选推荐作了说明，通过组建评审专家组，对各地报送专家人选进行严格的初审和复审，评选出首批专家库人选 500 人，并接受全社会的广泛监督。教育部还对培训课程资源征集作了说明，建设了"国培计划"培训课程资源库，共确定 662 件首批推荐课程资源。上述一系列规定为全面推进"国培计划"提供了执行的依据。

2011 年，为贯彻落实全国教育工作会议精神和《教育规划纲要》，建设高素质专业化教师队伍，教育部印发《关于大力加强中小学教师培训工作的意见》，提出中小学教师培训工作的总体目标是"以实施'国培计划'为抓手，推动各地通过多种有效途径，有目的、有计划地对全体中小学教师进行分类、分层、分岗培训"。同年，教育部、财政部联合下发《关于实施幼儿教师国家级培训计划的通知》，决定在中西部地区实施农村公办幼儿园（含部门、集体办幼儿园）和普惠性民办幼儿园园长、骨干教师、转岗教师的国家级培训，设置三个培训项目，包含农村幼儿教师短期集中培训、农村幼儿园"转岗教师"培训和农村幼儿园骨干教师置换脱产研修。同时，教育部公布"国培计划"资源库首批推荐课程资源目录，课程资源包含征集类课程资源和生成性课程资源，各课程资源下涵盖通识类、幼儿教师培训类、数学类、语文类、外语类、思想政治类、历史类、地理类、美术类、音乐类、艺术类、体育类、综合实践类、物理类、化学类、生物类、科学类、教育技术类等内容。

"这一阶段的系列政策文件是'国培计划'实施的主要政策依据和行动指南，阐明和规定了'国培计划'是什么、为了谁、做什么、怎么做、谁来做、做得怎样的系列问题。其重点在于项目的整体规划和实施方案的精心研制，起到了为"国培计划"定向、定位、定时、定量、定规的作用。"[1]为接下来"国培计划"系列政策的制定与调整奠定了基础框架。

---

[1] 程明喜，马云鹏.公共政策视角下"国培计划"的愿景、变迁及其特征分析[J].中小学教师培训，2018（8）：1-5.

二、调整完善

从 2010 到 2011 年，短短两年的时间，"国培计划"对教育界、教师培训，乃至社会各界都产生了广泛影响，仅从 2010 年培训教师的数量看，全国共有 115 万中小学教师参加了这一培训，增强了高等院校面向基础教育和服务基础教育的意识和能力，密切了高等院校和农村中小学的伙伴协作关系，也因此使得综合大学参与教师培养培训的政策要求得到有效落实，促进了教师教育一体化改革。"国培计划"引起了《人民日报》《中国教育报》和中央电视台等新闻媒体的广泛关注，形成了"国培"的语境。

为了更好地促进"国培计划"健康发展，从 2012—2014 年，一方面教育部一方面印发每年度做好"国培计划"实施工作的通知，针对上一年度培训中出现的问题提出明确的改进要求；一方面基于 2012—2014 年国家出台的一系列教师队伍建设政策如《关于加强教师队伍建设的意见》《幼儿园教师专业标准（试行）》《小学教师专业标准（试行）》《中学教师专业标准（试行）》《"国培计划"课程标准（试行）》，对"国培计划"在培训内容和要求上作出相应的调整。《关于做好 2012 年"国培计划"实施工作的通知》明确提出重在规范管理、提高质量，并依据各类专业标准和课程标准，按照不同类别、层次、岗位教师教育教学能力提升和专业发展的需求确定培训内容，同时将师德和教师专业标准解读等内容列入培训课程模块；进一步规范项目管理，制订具体实施细则，实行精细化管理，加强过程监控；优化资金配置，对各类项目经费明确占比，以确保项目有效实施。

2013 年是有关教师培训政策出台最为紧锣密鼓的一年，教育部印发了《"国培计划"示范性集中培训项目管理办法》《"国培计划"示范性远程培训项目管理办法》《"国培计划"中西部农村中小学骨干教师培训项目和幼儿园教师培训项目管理办法》《关于深化中小学教师培训模式改革全面提升培训质量的指导意见》《关于实施全国中小学教师信息技术应用能力提升工程的意见》等政策规章，其要点在于：第一，深化教师培训模式改革，全面提升培训质量；第二，倡导网络研修与校本研修的有效整合，打造教师学习共同体，促进教师培训常态化；第三，启动实施信息技术应用能力提升工程。明确 2013 年"国培计划"突出改革与精细化管理并重，并通过按需规划设计培训、扩大实践性培训比重、推动培训模式创新、变革远程培训模式、规范管理和质量监控，切实提高教师教学技能，提升培训专业化水平。

2014 年，教育部印发《"国培计划"——教师工作坊研修实施指南》《网络研修与校本研修整合培训实施指南》《中小学教师信息技术应用能力培训课程标准（试行）》，其政策点主要在于："第一，进一步推动培训模式创新，开展网络研修与校本研修整合培训、教师工作坊研修，推进综合改革；第二，实施信息技术培训课程标准，推进能力提升工程；第三，下移管理中心，强化地市和区县教育行政部门在培训立项阶段和组织实施过程的参与，确保项目管理落到实处。"[1] 2014 年度"国培计划"得到进一步的调整完善，教育部、财政部深入推进相应措施，通过按需设置培训项目，针对项目实施中存在的培训内容针对性不强、培训方式单一和培训质量监管薄弱等重点难点问题，切实改进培训课程，创新培训模式，优化项目管理体制，推进"国培计划"综合改革；推行混合式培训，提升培训实效性；优化项目经费配置，因地制宜、统筹规划、合理分配培训经费。

[1] 朱伶俐, 张丽, 王瑞娥. "国培计划"的政策演进与实施路径研究[J]. 当代继续教育, 2018 (10): 4–10.

在具体项目实施中,"示范性项目"由上一年度的8个子项目增加至12个,12个项目归为四大类,每一类都有一个创新点,其中第一类为综合改革项目,进行"跨年度、分阶段连续递进式培训";第二类为紧缺领域教师培训,在原有的体育、美育、特殊教育培训基础上,增加了优秀传统文化教育培训;第三类为教师网络研修,设置工作坊高端研修,试图构建网络环境下学习型教师团队,为骨干教师常态化培训做出积极探索;第四类为培训能力提升项目,努力构建基于能力测评的教师培训模式。

三、深化改革

在2014年的教师节前夕,习近平总书记在北京师范大学视察期间作重要讲话,对"国培计划"的成效予以高度肯定,并对下一步"国培计划"的改革实施工作提出明确要求。为了进一步推进实施"国培计划",教育部开始深入审慎调研,在深层次反思的基础上,总结认为:由于国培规模大、覆盖区广、管理层级多、承担机构多、实施环节复杂等原因,项目实施中存在部分机构的培训内容脱离一线教师实际、培训机构与地方教育部门协同不够、培训专家团队建设需要强化、县级教育部门管理责任需要加强、教师参训动力需要进一步激发等问题,在一定程度上影响了培训质量。这些问题的存在,迫切要求对"国培计划"进行有针对性的改革完善。

2015年6月,国务院办公厅印发《乡村教师支持计划(2015—2020年)》,对改革实施"国培计划"提出了明确要求,即调整"国培计划"实施范围,集中支持中西部地区乡村教师校长培训。培训的主要对象调整为乡村教师,这要求"国培计划"对项目设置进行优化调整,创新培训模式,下移管理重心,强化基层教师培训机构参与,确保乡村教师培训的针对性和实效性。

　　为了切实落实《乡村教师支持计划（2015—2020 年）》，并继续推进"国培计划"走向深入，2015 年 8 月，教育部、财政部印发《关于改革实施中小学幼儿园教师国家级培训计划的通知》，推动培训综合改革进行顶层设计，进一步明确"国培计划"顶层设计的总体框架，以此提高该计划的科学性、实效性。实施六方面新举措：一是加强统筹规划，分步推进乡村教师培训，分类研制乡村中小学教师和乡村幼儿园教师培训规划，分批遴选项目区县，分步扎实推进项目实施；二是实施协同申报，择优遴选乡村教师培训机构，推动高等学校整合校内培训资源，建立与县级教师发展中心、优质中小学幼儿园的合作机制，推进县级教师发展中心实现教师培训、教研和电教等部门的整合，强化县级培训能力；三是改进培训内容，依据培训课程标准，科学诊断教师培训需求，分类、分科、分层设计递进式培训课程，优化课程结构，实现理论课程与实践课程、必修课程与选修课程、专科课程与微课程的有机结合，大力开展实践性培训，强化教师实践参与；四是推行集中面授、网络研修和现场实践相结合的混合式培训，促进教师边学习、边实践、边提升；五是打造本土化团队，推动各地建立省级、县级教师培训团队，重点吸收一线优秀教师教研员，省级专家团队承担项目设计、课程研制、资源开发、巡回指导和绩效评价等工作，县级教师培训团队主要承担网络研修、送教下乡和校本研修的组织实施工作，实现乡村教师培训专家培训乡村教师；六是优化项目管理，建立乡村教师常态化培训机制，建立高等学校、县级教师发展中心、片区研修中心、校本研修四位一体的教师专业发展支持服务体系，持续提升乡村教师能力素质。

　　为了推动各地变革教师培训模式，提升教师培训实效，2016 年，《关于做好 2016 年中小学幼儿园教师国家级培训计划实施工作的通知》《送教下乡培训指南》《乡村教师网络研修与校本研修整合培训指南》《乡村教师工作坊研修指南》《乡村教师培训团队置换脱产研修指南》《"国培计划"示范性项目资金管理办法》《中小学幼儿园教师国家级培训计划专项资金管理办法》《关于大力推行中小学教师培训学分管理的指导意见》陆续出台。这一系列政策进一步规范了各项要求：科学确定"国培计划"的区域绩效目标、项目绩效目标、实施期绩效目标和年度绩效目标；量化申报资质标准，推进高等学校、具备资质的公办民办教师培训机构、县级教师发展中心和优质中小学幼儿园协同申报项目，并根据培训绩效，实行年度末位淘汰制；倡导培训采用"互联网＋"形式，强化实践性课程的设计与实施，加强本土培训资源建设，满足教师个性化学习需求；规范和加强"国培计划"专项资金管理，规范经费拨付流程，严格把控经费开支范围，加强经费使用监管和绩效考评，确保专款专用，提高经费使用效益；推行教师培训学分管理。

2017 年，教育部、财政部进一步加强"国培计划"培训实效，不仅印发了年度例行的做好实施工作的通知，推动常规培训方案的实施，而且进一步将培训对象的重点放到乡村校园长培训上。教育部出台《乡村校园长"三段式"培训指南》《乡村校园长"送培进校"诊断式培训指南》《乡村校园长工作坊研修指南》《乡村校园长培训团队研修指南》，旨在推动各地创新乡村校园长培训模式，提升乡村校园长培训的针对性和实效性。同年，教育部颁布《中小学幼儿园教师培训课程指导标准（义务教育语文学科教学）》《中小学幼儿园教师培训课程指导标准（义务教育数学学科教学）》《中小学幼儿园教师培训课程指导标准（义务教育化学学科教学）》，规范和指导五年一周期教师全员培训工作，分层、分类、分科组织实施教师培训。

2018 年，中共中央、国务院颁布《关于全面深化新时代教师队伍建设改革的意见》，全面部署了新时代教师队伍建设和改革的战略目标，明确继续实施教师国培计划和校长国培计划，重点开展乡村中小学骨干校长培训和名校长研修。同年，《关于做好 2018 年中小学幼儿园教师国家级培训 2018 年度"国培计划"，计划组织实施工作的通知》，提出：按计划、分步骤完成乡村教师校长培训全覆盖的攻坚任务，集中优质培训资源全面提升教师校长素质能力。科学统筹项目区县覆盖范围，倾斜支持集中连片特困地区县和国家级贫困县教师培训，尤其是向'三区三州'等深度贫困地区倾斜。启动实施的《教师教育振兴行动计划（2018—2022 年）》，进一步明确加强县区乡村教师专业发展支持服务体系建设，强化县级教师发展机构在培训乡村教师方面的作用。培训内容针对教育教学实际需要，注重新课标新教材和教育观念、教学方法培训，赋予乡村教师更多选择权，提升乡村教师培训实效。从总体上看，2018 年作为"国培计划"的提升年，重在顶层设计、深化改革，其根本目的在于进一步增强培训的针对性和实效性，并对项目执行效率提出要求，倡导打造专业培训品牌和凝练先进培训模式。

2019 年，教育部、财政部就"国培计划"提出设置"立德树人"师德师风专题培训模块，学习领会习近平总书记关于"四有"好老师、"四个引路人"等重要论述，践行社会主义核心价值观，落实新时代教师职业行为准则。两部门进一步强调：落实党中央"坚决打赢脱贫攻坚战"要求，实施乡村教师培训扶贫攻坚行动，优先支持集中连片特困地区县、国家级贫困县、"三区三州"等深度贫困地区县，通过国培、省培等各级培训，确保 2020 年前完成对贫困地区乡村教师培训全覆盖。2019 年的计划主要突出师德培训和切实推进贫困地区乡村教师培训的扶贫行动，并通过突出分层分类、突出模式创新、突出应用导向、突出管理效能等方式，进一步加强高素质专业化创新型教师队伍建设。

从 2010—2019 年"国培计划"的实施内容来看，以 2015 年为时间节点，前后两个阶段无论在培训对象、培训内容、培训方式、培训者队伍、培训管理等方面都有明显的变化：就培训对象而言，从最初的中小学农村教师、幼儿园教师，转变为乡村教师、校长；就培训内容而言，从按需设计培训内容、资源共享、学习专业标准解读，逐步走向分类、分科、分层设计培训课程，并按培训课程标准设计培训内容，切实实行不少于 50% 的实践内容学习，依托本土资源建设开展学习；就培训方式来看，从以讲授为主并涉及案例、探究、情景、研讨方式的培训，逐步走向网络研修社区的集中面授、网络研修与课堂实践相结合的混合式培训，并进一步探索移动终端的常态化学习；就培训者队伍而言，从主要强调各种专家的培训者队伍，逐步变为建立省级、县级培训专家团队，乡村教师本土培训团队，遴选不低于 60% 的一线优秀教师教研员，以更接地气的方式满足乡村教师真实需求；就管理而言，从严格招投标制度、加强评估、规范经费管理，到逐步提出精细化实施方案、不断下移管理中心，建立从省到市、县、校的四级项目管理体系，强调经费拨付流程，不断提高管理质量和效率。

第三节 "国培计划"实施的效果和贡献

"国培计划"实施以来成效显著，贡献巨大。据《"国培计划"蓝皮书（2010—2019）》记载，十年来，中央财政累计投入"国培计划"经费 172 亿元。其中，中西部项目和幼师国培项目投入超过 159 亿元。约 1680 万人次的教师参与了"国培计划"，其中中西部项目和幼师国培项目参训人次约 1574 万。

"国培计划"的深远意义不仅仅在于通过具体的培训让数以百万计的教师受益，更在于它带来的对教师发展和教师培训所产生的持续变革的效应和创新型的贡献。其本身或许会像任何一个历史事件一样随着时间的推移成为过去，但"国培计划"所沉淀下来的，所凝聚下来的将成为一种培训文化永葆其特质，并会对未来影响深远。

一、构建教师培训的国家理念

"国培计划"以示范引领、"雪中送炭"和促进改革为宗旨，在我国教师培训历史上前所未有，其实施是我国教师培训形态彻底发生变化的分水岭。它涉及教师自身的专业成长、教师培训体系的完善、教师教育的改革、教师培训效果的辐射引领以及教育公平的实现，充分体现了国家意志，实施范围之广、投入力度之大、影响程度之高、实践尝试之多，开创了我国教师培训前所未有的新局面。"国培计划"的"国"字头力量，已成为一种标识。

2014年9月，习近平总书记在北京师范大学看望师生，在与参加"国培计划"的贵州小学骨干语文教师交流时指出："'国培计划'以示范引领、雪中送炭、促进发展为宗旨，为中西部农村教师提供了一个拓宽视野、更新知识、提高业务能力的专业发展平台，为中西部地区教育事业发展做了一件大好事。目前，教育短板在西部地区、农村地区、老少边穷岛地区，尤其要加大扶持力度。"2015年9月，习近平总书记在给"国培计划（2014）"北京师范大学贵州研修班参训教师的回信中指出："发展教育事业，广大教师责任重大、使命光荣。希望你们牢记使命、不忘初衷，扎根西部、服务学生，努力做教育改革的奋进者、教育扶贫的先行者、学生成长的引导者，为贫困地区教育事业发展、为祖国下一代健康成长继续作出自己的贡献"《关于做好2017年中小学幼儿园教师国家级培训计划实施工作的通知》明确指出："国培计划"实施工作是为了深入学习贯彻习近平总书记系列重要讲话精神和治国理政新理念新思想新战略。《关于做好2018年中小学幼儿园教师国家级培训计划组织实施工作的通知》进一步指出：围绕学习贯彻党的十九大精神开展培训专家团队、培训管理者专题研修，为教师、校长培训规划和实施提供思想指引和行动指南。《关于做好2019年中小学幼儿园教师国家级培训计划组织实施工作的通知》也提出：学习领会习近平总书记关于"四有"好老师、"四个引路人"等重要论述，践行社会主义核心价值观，落实新时代教师职业行为准则。

"国培计划"使教育公平在农村教师队伍建设的实施中取得成效，让农村教师、乡村教师享受到国家政策的倾斜。"国培计划"在实施之初所表明的政策导向就是示范引领、"雪中送炭"和促进改革，培训对象主要是我国中西部 23 个省份农村中小学幼儿园校长和教师，尤其是 2015 年以后，培训对象更进一步聚焦到乡村学校的校长和教师，让最边远、最贫困地区的教师享受到政策红利，集中体现出对培训资源公平分配的国家要求，以此保障参与主体的平等性。"国培计划"重点倾斜弱势地区、弱势教师群体和弱势学科，并通过发挥优质资源、优势地区对弱势地区的扶持作用和示范带动作用，加强中西部地区本土化培训资源建设，从而达到培训资源开发和利用最大化的目的，进而起到保基本、促短板的功效。

在"国培计划"的带动和推动下，以中央投入带动地方培训经费政策的落实、培训机构的建设、培训者队伍的建设，使得教师专业发展常态化制度的形成都有了较大进步，并进一步带动省培、市培、县培和校本培训。"如 2010 年 7 月，基于教育部、财政部启动的'国培计划'——中西部农村骨干教师培训项目，重庆市争取到'国培'项目经费 2100 万元，同时从市级教师培训经费中配套 210 万元项目运行经费，开启了大面积培训农村教师的大幕。浙江省、湖南省加强经费保障，浙江省明确提出教职工工资总额的 3% 和中小学公用经费的 10% 用于教师培训，湖南省明确农村学校按不低于年度公用经费的 8% 安排教师培训经费。河南省通过做好统筹设计，建立健全以'国培计划'为引领，以校本为基础的'国培计划'、省培、市培、县培和校培五级联动机制。"[1]

二、创新教师培训的制度

"国培计划"作为国家行动，经过多年的实施、探索、改革，创新了一系列制度，为中小学教师队伍建设、提高培训质量和效果作出了创

---

[1] 王定华.努力推动教师培训工作再上新台阶[J].中小学教师培训，2017（6）：1-6.

新性贡献。

"国培计划"是教师培训的顶层设计制度，从宏观层面确定了计划实施的整体思路，明确了计划实施价值取向；从中观层面，通过"示范性项目"和"中西部项目"，分解中央和地方的责任和事权；从微观层面通过项目确立、机构协调、培训管理、培训模式等，使分类、分层、分岗、分科的教师培训有序实施。顶层设计适时进行调整完善，使得地方可依据"国培计划"的整体思路、价值取向设计有特色的地方培训制度。

"国培计划"实施项目制，并通过招投标制度予以实施。通过设计项目指南，规定了培训主题、培训目标、培训内容、培训团队等，并通过竞标申请的方式，遴选出有实力的培训机构，采取绩效考评的方式对培训机构实施评估，实施年度末尾淘汰制，淘汰比例不少于20%，保证了培训质量。

"国培计划"基于教师专业标准、教师教育课程标准，专门研制"国培计划"课程标准，确保培训内容的国家标准，与此同时，也倡导地方与培训机构依据实际和自身特色创设培训内容，既保证了国家标准的权威性，也体现了因地制宜、满足多样需求的灵活性。

"国培计划"强调培训者队伍建设，保证国家水平的专业培训团队质量。组建三个培训者队伍：一是建立国家层面的"国培计划专家库"，在全国遴选各类各科专家千余人，由各项目承担机构聘任授课，满足教师专业理念、专业知识需求。各省、市、县参照此法建立本土专家库，在教师培训中发挥重要作用。二是聘请一线优秀教师建立培训团队，在关注理念的同时，注重发挥"实践中的高手"作用，以促进受训教师专业能力的提升。三是开展县级培训团队的专项培训，并拓展"培训师"研修和资格考试认定制度，确保"国培计划"真正在县域、在村小、在课堂落地，切实提升乡村教师专业水平和促进其专业发展。

"国培计划"首创置换脱产研修和混合式培训等多元化教师培训模式。

置换脱产研修模式通过将农村教师与支教教师、实习教师相结合，院校集中研修与优质中小学"影子教师"相结合，有效解决了农村教师不足，骨干教师难以培训的尴尬境遇。基于信息技术、互联网技术的广泛应用，"国培计划"实施了集中面授、网络研修、现场实践和校本研修相结合的混合培训模式，有效促进了教师专业发展。

三、促进职前职后一体化教师教育新体系的建立

21世纪初，我国提出将教师职前培养和职后培训逐步融合，建立职前职后一体化的教师教育体系。在推进的过程中，虽然一体化的教师教育改革势在必行，但不仅教师教育一体化观念并未真正进入学校教育教学改革中，而且在体制上也没有完全建立教师教育机构的一体化。师范教育大学化与综合大学教育学院更为关注教师培养，虽然一些师范大学或师范学院设置教师教育中心、教师实训中心、师资培训中心、中小学教师培训基地，但由于资源不足，在一定程度上分散了有限的教学资源，使教师教育研究、教学与运行都不能全方位展开。

"国培计划"将教师培训的重任加在师范院校的肩上，师范院校成为承担"国培计划"的主体，通过专门的培训机构，将国培落地实处。首批承担国培远程培训的高等院校中有5所师范大学，即北京师范大学、华东师范大学、陕西师范大学、福建师范大学、华南师范大学，1所综合大学即北京大学，1个专门开展电化教育的中央电化教育馆；另有专门网络培训机构开展"国培计划"的远程培训。第二批"国培计划"教师远程培训机构中增加了华中师范大学、西南大学、首都师范大学、沈阳师范大学、上海师范大学、浙江师范大学、杭州师范大学、四川师范大学、西北师范大学、中央广播电视大学、中国教育电视台、人民教育出版社有限公司、

高等教育出版社有限公司、广州市广播电视大学、北京市第四中学。

"国培计划"对师范院校推进教师教育改革的影响还表现在促进师范院校与中小学建立密切的伙伴关系，"增强了师范院校为基础教育服务的职能，也促使师范院校加强学科建设和教师队伍建设。通过教师培训的'倒逼式'路径，师范院校更加清晰自身的责任、问题和改革的策略，不断改建教师培训的模式和方法，并通过教师培训的'反哺式'路径，师范院校从教师成长、教师实践中获得发展资源，丰富和改进职前教育，进而实现教师职前培养和职后培训的一体化，师范院校真正成为中小学教师专业成长与发展的'母机'和'摇篮'"[1]。"国培计划"不仅具有教师培训的本体功能，也具有促进教师教育一体化的拓展功能。

"国培计划"对推动教师教育机构发展发挥了重要作用。从我国确立"构建以师范院校、其他举办教师教育的高校和教育机构为主体，以高水平大学为先导和核心，区域教师学习与资源中心为支撑，中小学校本研修为基础，职前职后教育一体化"的教师教育体系开始，实施"县级教师培训机构"评估标准，在一定程度上促进了县级培训机构的发展。随着"国培计划"的深入推进，不断明确培训机构的遴选条件，对县级乃至各级培训机构的深入改革和发展起到督促作用，这也将通过提高培训机构的质量，深入推进教师教育一体化。

---

[1] 李瑾瑜，王建."国培计划"对我国教师培训的创新性贡献[J].教师发展研究，2017（2）：1-9.

第六章

校本培训

　　校本培训是以学校为本位促进教师专业发展。教师的工作岗位在中小学校、在课堂，教师专业发展是基于学校教学和课堂实践的需要，开展校本培训的目的是提高教师的业务水平和教育教学能力。中小学校应该而且也必须成为教师专业化进程中的重要基地，并发挥应有作用。在教师专业发展中重视中小学校的作用，谋求中小学校的积极参与，可以使教师的专业发展更有针对性，有利于充分利用学校资源，更可以使教育理论对教育实践具有指导意义。

第一节　校本培训的产生与发展

一、校本培训产生的背景

校本培训是在终身教育理论的切实影响下、在面临教师培训问题的实践影响下、在以教师教育一体化推进教师专业发展的理念和实践的推动下、在教育行动研究理念的促进下得以产生并不断发展的。

第二次世界大战后，世界范围内出现教育改革浪潮，特别是 1965 年法国教育家保罗·郎格朗提出"终身教育"这一思想，并迅速得到世界各国的认同，教师开始成为最先感受终身教育的必要社会职业之一。这一终身学习理念，推动了教师教育内容的变化，使得教师教育不仅包含了教师职前的培养，而且涵盖了任用、培训，形成"培养、任用、培训"三个连续的教师教育阶段。教师教育一体化成为促进教师队伍专业化和教师专业发展的目标。

校本培训是"校本（school—based）"思想的产物，起源于美国 20 世纪 60 年代倡导的"以能力为基础的师范教育"运动。该运动反对当时普遍存在的主要由高等院校或教师机构承担的中小学教师培训，而是将教师集中起来开展培训，重点关注教育理论与理念的学习。教师工作主要在学校、课堂中，理论与实践脱节导致教育理论难以应对复杂的教育实践，校本培训主张在具体和现实的教学情境中帮助教师提高教育教学水平。1972
年，英国《詹姆斯报告》首次提出"教师的在职进修应从中小学开始"，"整
个培训活动由中小学、地方教育局、大学或教师中心三方共同参与规划、
实施"[1]。到80年代，美国成立了一种新型的教师职前培养和在职培训
机构，即专业发展学校。该学校以中小学为基地，大学培训机构与中小学
校联合实施教师教育。同时，英国也开始运行"以学校为基地"的师资培
养模式。自此，英美等国开始重视中小学校在教师培训和专业发展过程中
的作用，他们普遍认为教师在职培训必须从教师和学校的实际需要出发，
在教师任职的中小学校开展培训，并利用中小学校的资源，加强与大学及
其他机构的合作，这样更有利于促进教师专业发展。

20世纪80年代中后期，随着各国教师专业化运动的深入发展，英美
等国开始大规模推动教师校本培训。基于教师专业化发展的校本培训着重
强调提高教师专业知识和专业能力，以此促进教师群体的专业化和教师个
体的专业发展与专业成长，而教师的专业能力主要在教学实践岗位中逐步
形成并发展，教师任职学校是其专业发展的主要环境。因此，以学校为中
心，高等院校及其他教育机构共同参与的教师培训适应了教师专业化的需
要而受到普遍认可，在世界范围内得到广泛推广，中小学校成为教师培训
的基地。

在教师专业化运动推进校本培训发展的过程中，不可忽略的教育行动
研究也推进了教师校本培训。源于20世纪40年代的行动研究到90年代在
教育领域得以发展，并形成教育行动研究，教育行动研究的根本目的"不是
为了形成某种教育理论，而是通过观察受教育对象，对其行为加以反思。在
与其他教育合作者的交流过程中，不断加深对教育实践过程的理解，发现问

---

[1] 李军.英国教师校本培训概况及动向[J].教育科学研究，2003（7-8）：92-93.

题，采取对策，提高反思能力，提高教学工作与质量，从而促进教育实践本身的提高"[1]。1996 年第 45 届国际教育大会提议："教师必须通过有适当监督的校内实践经验而获得教学技能，同时还要进行行动研究，即'教师应对他的课堂上遇到的问题加以研究，这种研究成果将可以丰富教师教育的内容'。"[2] 校本培训的产生和发展恰恰体现了这一理念，它基于学校和教师的实际，以学校为基地来进行，教师在校本培训中，将培训与教师行动有效结合起来，目的就是为了改善学校和促进教师的专业发展。

二、校本培训发展的历程

"我国从 20 世纪 80 年代起，在上海、吉林、湖北等地的一些学校开始探索开展以学校为基地来组织教师学习的活动。90 年代，我国学者开始大量研究国外校本培训，并将校本培训的理论与框架引入国内。"[3]

我国校本培训兴起的原因主要有：第一，提高教师素质。改革开放后，我国教育事业迅速发展，继续扩大，经过 20 世纪 80 年代到 90 年代的学历补偿培训，大部分中小学教师学历达到标准，但由于当时的培训目标主要是学历代偿，在一定程度上忽略了教师业务能力方面的提升。为此，通过借鉴国外校本培训的思路和做法，我国开始探索新的培训模式。第二，克服工学矛盾，让所有教师有机会参加培训。教育规模的不断扩大，需要有更多的教师从事教育教学工作，但从总体上看，20 世纪 90 年代，我国中

———

[1] 李艳春，刘军.论教育行动研究［J］.教育评论，2013（6）：3-5.

[2] 严苏凤，梁崇科.校本教研：新课程背景下教师继续教育模式探究［J］.理论导刊，2009（4）：92-94.

[3] 王玮，孙志娟.国内教师校本培训研究的理论述评［J］.太原师范学院学报（社会科学版），2008（3）：132-134.

小学教师数量不足，教师工作量普遍偏高，给外出参加职后培训带来困难。校本培训是以学校为中心开展教师培训，这种新模式有利于克服教师工学矛盾，让全体教师有机会参加职后培训，提升专业素养。第三，推进新课程改革的需要。20世纪90年代，我国启动新一轮课程改革，逐步形成了国家课程、地方课程、校本课程的课程体系，这就使教师不仅成为课程的接受者，更是课程的开发者，校本课程的开发与应用，进一步需要教师不断提升教学能力，校本培训正契合了这种需求。第四，政策推动。1998年，教育部启动实施"面向二十一世纪中小学教师继续教育工程"。2000年，教育部出台的《关于实施"中小学教师继续教育工程"的意见》明确提出"中小学校是教师继续教育的重要基地，中小学校长是教师继续教育的第一责任人；各中小学校都要制定本校教师培训计划，建立教师培训档案，组织多种形式的校本培训"。校本培训一词首次在我国的官方文件中被明确提出。作为一种教师继续教育的重要形式，校本培训"比较符合我国地域分布广、培训任务重、经费短缺等现实情况，是一种与离职培训优势互补的运作方式，一经提出就受到广泛重视"[1]。

随着校本培训在国家政策文本中的明确提出，我国的教师校本培训从最初的实验基地探索，到不断推广，到质量提升，到适应信息化社会发展引入"互联网+"理念，校本培训在教师培训，促进教师专业发展中发挥了重要作用。1999年8月，国家跨世纪园丁工程，即原有的全国中小学教师继续教育区域性实验正式启动，在全国首批确立的44个区域性实验区中，有7个单位被审批为校本培训实验研究单位，这7个单位分别是湖北十堰市、四川绵阳市、成都武侯区、广西贵港市、陕西渭南市、浙江德清县、

---

[1] 刘慧，王岁花.以校为本的中学信息技术教师专业发展研究与实践[J].教育教学论坛，2014（46）：269-271.

山东青岛市。这些实验区通过学习校本培训的理念，通过调研研究发现中小学教师继续教育全员培训中存在的问题与困境，做出了符合国情的校本培训的整体思考："一是培训的开放性，即教师校本培训是以中小学校为中心、以校长为第一责任人的开放的在职培训活动；二是培训的整合性，即校本培训是衔接培训院校及其机构的集中培训与教师自学、并整合一切培训资源的培训场；三是培训的有序性，即校本培训离不开教师教育行政部门和培训机构的规划和指导；四是培训的目的性，即校本培训是基于学校和教师专业发展的双重目标而开展的。"[1]

在明确上述基本判断后，我国大力推广校本培训，并在实践中逐步使各地培训机构与中小学形成稳定的合作关系，教育培训场域的效应不断显现。

2010年，我国全面启动"国培计划"，在示范性项目的引领带动下，在中西部项目大力倾斜下，我国教师尤其是农村教师的专业能力和水平得到普遍提高。"校本培训具有长期连续性、实践性、灵活性和经济性等特点，能够克服集中培训造成的工学矛盾、学习成本偏高等问题，是中小学教师教研的重要方式。"[2]校本培训充分体现了以解决实际问题、提高教师的教育技术能力、全面提高教师的综合素质为目的的优势，综合各方面情况来看，校本培训为破解"按需施训"提供了有效的解决方案。在这种形势下，随着"互联网+"等教育信息技术的广泛应用，我国大力开展校本培训与远程培训有效结合的方式，将中小学教师信息化教学能力校本培训模式立足学校发展需要和教师教学实际，以提升教师信息技术应用能力为基础，通过课堂诊断、问题导向、深度访谈等方式确定培训目标，以

[1] 刘堤仿.校本培训十年回眸与展望[J].中小学教师培训，2008（10）：18-20.
[2] 杜玉霞.基于"互联网+"的中小学教师信息化教学能力提升研究[J].中国电化教育，2017（8）：86-92.

促进信息技术与教学融合创新为主线，将信息化教学理念、信息技术素养、课堂应用、教学科研和教师专业发展全面融合，全方位、多层次提升教师的信息化应用与创新水平，进一步创新了校本培训的方式和方法，切实将2018年中共中央、国务院颁发的《关于全面深化新时代教师队伍建设改革的意见》中明确要求的"开展中小学教师全员培训，推动信息技术与教师培训的有机融合，实行线上线下相结合的混合式研修"落到实处，推动了教师专业能力的不断提升，促进了教师的专业发展。

第二节　校本培训的理论基础

一、校本培训的内涵

校本培训亦称校本教师培训，是一种"基于学校自身情况"的师资培训模式。各种不同的培训模式，折射出校本培训含义的丰富性。如"英国与美国都实行了大学与中小学合作培养、培训师资的教师教育模式，但在培训主体上存在差别。在英国，学校是教师培训的主体，但重心在中小学校；而美国，虽然同样坚持学校在培训过程中的主体地位，但重心在高等教育机构"[1]。英、美两国开展的校本培训，是教师教育一体化理念的实践运行。1989 年，欧洲教师教育协会明确提出校本培训指的是源于学校课程和整体规划的需要，由学校发起组织，旨在满足个体教师的工作需求的校内培训活动。

我国的校本培训有其自身的特殊性，学者对其内涵有诸多不同理解。有学者认为，"教师的校本培训是在教育专家的指导下，以教师任职学校为基本培训单位，以提高教师教育教学能力为主要目标，通过教育教学和

---

[1] 付八军.教师校本培训研究述评［J］.井冈山学院学报（哲学社会科学），2009（3）：114-117.

教育科研活动来培训教师的一种全员性继续教育形式"[1]。也有学者指出，"所谓校本培训是指在教育行政部门和有关业务部门的规划和指导下，以教师任职学校为基本培训单位，以提高教师教育教学能力为主要目标，把培训与教育教学、科研活动紧密结合起来的继续教育形式"[2]。2003年，由教育部师范教育司组织编写的《教师专业化的理论与实践》一书提出："校本教师培训（school-based teacher training）有两种含义：一是以地点为依据，指完全在中小学内进行的教师在职培训活动；二是以培训内容为依据，即促进教师专业发展、改善学校和教学实践为中心的培训。目前，比较常用的是后一种含义，因为完全由中小学开展的校本进修是很困难的。"[3] 有学者经过多年的实践探索提出："教师校本培训是在教育行政部门和培训机构的规划与指导下，以满足学校和教师的发展目标与需求，衔接培训结构的集中培训和教师自学，并整合各种培训资源的一种以中小学校为中心、以校长为第一责任人的开放的教师在职培训活动。"[4] 也有学者认为："校本培训是指以中小学教师任教学校为主要基地，以教师和学校的发展为旨归，以实践与合作为本线的教师在职培训。具体说来，以教师任教学校为主要基地，旨在克服院校培训中的教师工学矛盾和理论与实践的二元分离，中小学校不仅是培养学生的场所，更是教师专业成长的主要环境和重要基地。以教师和学校的发展为旨归，首先是以教师且是全员教师的全过程发展为出发点和归宿，在培训中坚持以问题的解决、能力的提高、教师的发展为中心，带动学校的发展。以实践与合作为本线，就是要为教师的教育教学实践赋权，充分利用教师的实践知识，把中小学教师视为教育

[1] 刘尧.教师"校本培训"模式构想[J].教育发展研究，2001（3）：47-48.

[2] 赵蒙成.校本培训：教师在职培训制度的创新[J].教育与职业，2000（3）：9-11.

[3] 教育部师范教育司.教师专业化的理论与实践[M].北京：人民教育出版社，2003：309.

[4] 刘捷仿.教师校本培训学[M].杭州：浙江大学出版社，2004：17.

理论知识的参与者和生产者，而非旁观者和消费者。合作则是校本培训应该具备的、贯穿始终的基本链条，中小学在开展校本培训过程中以师生合作、师师合作、校内与校外合作贯穿始终，并以之作为实施成功的校本培训的基本要素和学习方式。"[1]也有学者提出"校本培训区别于非校本培训的最大地方就在于教师之间的相互沟通和交流，尤其是教师本人的专业水平，即专业化程度"[2]。

基于上述研究和校本培训实践中的不断探索，以及我国多种培训层次如国培、省培、市培、县培等的广泛开展，且伴随信息技术的不断提高与其在教师培训中的广泛应用，我们认为校本培训的含义也在发生一定的变化，往往因为区域之间、学校之间、学段之间的不同，以及集团化办学的有效推进，校本培训形式不同，内涵也略有不同，主要表现在三个方面：

第一，强调以学校为基地，以促进教师专业发展和学校发展为旨趣，以解决教师在实践教学中的问题为核心。这种以学校为基地的校本培训往往在发达地区、优质学校中得以较好实施，这主要源于充足的培训经费和良好的教育资源，学校自身可以依据本校发展需要邀请专家、教研员、学科带头人开展校本培训，在校本培训过程中可以通过讲授、评课等多种方式开展有针对性的教师教研（详见第七章），有效地将培训和教研结合起来，提高教师的专业能力。

第二，集团化办学的推进，使校本培训在集团学校内开展，形成集团化校本培训的场域。集团学校根据集团内学校发展的共同特征，以各个学校为基地，通过聘请专家等上述多种方式按需求开展有针对性的培训，实现了校本培训中师生合作、师师合作、校内与校外的合作。

[1] 刘要悟，程天君. 校本教师培训的合理性追究 [J]. 教育研究，2004（6）：77–83.
[2] 袁振国. 中国教育政策评论 2002 [M]. 北京：教育科学出版社，2002：147–157.

上述两种校本培训是真正意义上的以学校为基地，满足学校自身发展需要、教师发展需要开展的培训形式。

第三，校本培训虽然依然倡导以学校为基地，但就学校来说单独开展校本培训还有一定的难度。一方面源于谁来担任培训者，什么样的人可以担任培训者，以及培训的目标和内容是否符合教师专业标准都相对不够明确；另一方面培训经费在一定程度上也限制了单独的校本培训。在多种条件的限制下，更多的是依托区县学科教研员，依据培训规划，组织开展以学校为基地的校本培训，在这一过程中，参加培训的教师是多学校的教师。同时也可以依据培训规划聘请专家、高校教师、学科带头人、骨干教师担任培训者。

二、校本培训的特征

校本培训"秉持终身教育思想和教师专业发展理念，把学校视为教师发展的家园，以教育教学实践中的问题为主线，强调在教、学、研一体化中教师的主动参与和探究，通过解决实际问题促进教师自身素质的提高和专业发展"[1]。校本培训的显著特征在于：

第一，突出培训内容的针对性和实用性。与院校集中培训模式的最大不同在于，校本培训的目标就是解决学校、教师的现实问题，满足教学实际的要求，通过培训，改建学校工作，提升教师教育教学水平。因此，无论是培训内容，还是培训方法，校本培训都更能契合学校、教师的现实需求。校本培训决策权、参与权都在学校和教师，更能提

---

[1] 李清臣.中国课程实施研究：热点透视与未来展望[J].商丘师范学院学报，2008（7）：107-109.

高教师的主动性和创造性。这与院校培训和以预先设定培训目标的培训机构培训形成鲜明对比。

第二，培训方法的灵活性和目标的实践性。校本培训"立足于教师的课堂教学实践，把培训和教师日常的教育教学活动有效结合，达到培训时间与空间的统一，教师教与学的统一。在校本培训活动中，培训活动以教师为主体，以教师的个别化学习为主，在专家、高校教师、学科带头人等的指导、帮助和参与下，共同解决教师在教育教学实践中遇到的难题，因此，校本培训多采用问题研究、专家深入到教师教学的各个环节以及教师自主学习等方法，并根据培训内容的需要，采取对教师集中培训、课堂讲授、交流研讨、观摩教学等方法，这些方法都与学校和教师的实际需要密切相关"[1]。

第三，培训重心的基层化。校本培训是以学校为基地，既表现在培训地点与场所主要在中小学，又表现在教师培训计划的制定与实施在符合教师专业标准、参照教育行政部门培训规划的基础上，根据学校发展的需求由中小学自己来确定，而不是由上级教育行政部门或有关研究机构来制定。与此同时，教师的培训和学习是围绕学校发展的整体目标来开展，而不仅仅是个体自我的学习行为。

---

[1] 陈霞.校本教师培训的特征与实施［J］.中小学教师培训，2002（3）：8-10.

第七章

教师教研

　　苏霍姆林斯基曾说，如果你想让教师的劳动能够给教师带来乐趣，使天天上课不至于变成一种单调乏味的义务，那你就应当引导每一位老师走上从事研究这条幸福的道路上来。

第一节　中小学教师教研的内涵与价值

一、教师教研的内涵

对于教师教研，不同学者有不同的理解。有学者认为教师教研主要通过活动开展，教研活动是"以促进学生全面发展和教师专业进步为目的，以学校课程实施过程和教育教学过程中教师所面对的各种具体的教育教学问题为研究对象，以教师为研究主体，以专业研究人员为合作伙伴的以校为本的实践性研究活动"[1]。有学者认为："狭义的教研是指教师对教学工作的研究，广义的教研则是指教师对包括教学活动在内所有教育实践的研究。"[2]也有学者认为："教学研究包括教学科学研究（课题研究）和教学工作研究（问题研究），其内容是丰富的、多层次的，方法是多种多样的，教学研究是教学管理和教学指导的前提和基础。"[3]亦有研究者认为"教研应该是学校有目的、有计划地组织学科教师通过正式组织，在一定的物质和制度保障下，按照一定的程序，运用一定的方法，对教学

[1]　包新中.中小学教研活动实效性评估与反思[J].教学与管理，2013（4）：33-35.

[2]　吴义昌.科研、教研与中小学教师[J].当代教育论坛，2004（8）：35-36.

[3]　孙立春，张茂聪，张彩霞.基础教育教研工作的若干思考[J].中国教育学刊，1999（3）：58-60.

实践中有关教、学、师生互动中的问题进行研究，以改善教师教学行为，提高课堂教学效率，促进师生共同发展为目的的活动"[1]。

基于上述研究者对教研内涵的阐释，我们认为从字面上讲教研包含教和研两个层面：所谓"教"，对教师而言，既是教育，又是教学，这其中的教育也更多的是通过教学来实现，而教学又包含了教和学两个层面的意义，且教和学更多的是指教师和学生、教和学之间在这一个过程中的协同、互动和统一，表现为两者相互之间的联系与制约，是有机的统一，不是单纯的教师教和学生学，是一种师生双方参与并互动的活动，是教师和学生之间的双边活动；所谓"研"，《现代汉语词典》解释为：一是探求事物的真相、性质、规律等；二是考虑或商讨（意见、问题）。中小学教师虽然可以通过不懈努力，秉持严谨的科学态度，通过系统的培养和训练，在一定程度探究教学的真相、性质、规律，但总体上有一定难度，因此，作为一线教师，更多的是考虑或商讨教与学的活动以及活动中遇到的问题。

有鉴于此，本研究中所指的教研从广义上说是各级教研组织开展的主要针对教师教学研究过程中出现的问题开展的研究；从狭义上说，是学校有目的、有计划地组织学科教师，通过聘请专家、学科教研员，组织学科骨干、学科带头人、同伴，按照一定的程序和方法，基于课堂、课程，对教学实践中有关教、学、师生活动中的问题进行研究，以改善教师教学行为，提高课堂教学效率，促进学生全面发展和教师专业发展为目的的活动。随着教师专业发展理论的不断深入，为了进一步推动中小学教师自主提升专业发展能力，中小学教师应借助外力开展科研、参加培训。教研是科研的前提和基础，科研应围绕教研中亟待解决的问题，通过课题研究，推动教研难点问题的解决。以科研带教研、以培训促教研、以教研促科研是一

---

[1] 朱福荣名师工作室组 . 一线教师说教研［M］. 重庆：西南师范大学出版社，2015：5.

种良性的发展模式。

二、教师教研的价值

教师教研能有效解决教学实践中的问题。中小学教师教研活动，是一种立足课堂、研究教学问题、解决教学问题的行动研究。它解决的教学问题主要包含两类问题：

一是课堂教学中普遍存在的共性问题。比如，课堂教学如何与新课标结合，如何实现教师创新教、学生创新学，如何培训学生的创新意识、创新精神与创新实践，如何将新课程改革中的目标在课堂教学中加以实现并一直贯穿课堂教学始终，如何正确引导学生运用自主、合作、探究的学习方式，提高学习效率。

二是课堂教学中面临的个性问题。就不同教师群体而言，比如，新教师面临如何适应课堂的问题，期待可供借鉴的实践模式和有经验老师的指导，希望能尽快改正自身的不足；有经验的教师则面临进一步提高课堂效率的问题，希望有方法、有思路地观课、议课，反观自己的教学行为，形成自己的教学特色和教学策略；骨干教师面临的问题是如何将课堂教学的经验系统整理，发挥价值，在获得其他教师认同的同时，进一步发展自己的专业能力；老教师则面临如何将自己的教学经验有效地与新课程接轨、融合的问题。就教师个体而言，每个教师在课堂上随时面临教学问题。面对这些教学实践问题，中小学教师教研将学习、研究与工作实践真正有效结合起来，让教师通过学习、展示、交流、评议、互动，用先进的教学思想、课程改革的新理念，找出解决教学问题的途径和方法，让每位教师能上出有效的课、实效的课、高校的课、卓越的课。

教师教研促进教师专业发展。教师专业发展是教师专业化的过程，是把教育理论转化为教育实践、通过教育实践检验和丰富教育理论的过程。中小学教师教研就是教师教学的实践，教师在实践中练兵，在实践中学习，实施专业自主，表现专业情意，逐步提高自身从教素质，在参与中促进自己的发展，逐渐达到中小学教师专业标准。教师教研能有效解决"只会向学生说话，不会向同行说话"的问题，从解决学校教育中出现的共性问题、围绕教育问题聚焦教育行为和教育理念，到与同行共同探讨确立中小学教师的教研主体地位，再到自我修为、自我成长的反思式教研和能力创生式教研，经过了由"外力扶持"到"内部创生"的过程，由此加强了教师的教研主体地位，既推动教研活动的可持续发展性，又促进教师专业成长。

在教师发展理论探究中，传统的教师发展理念是"为实践知识"的教师学习，将教师置于被动接受者的角色，研究者和改革者创造着有关教学的知识，再通过教师培训或工作坊，把知识"卖给"教师，抹杀了教师作为一名专业者所应有的权利和主动性。"随着对传统教师发展模式的批判，强调教师在实践中的反思和探究，以及在同事之间交流、合作中建构知识，即从'在实践中的知识'进一步走向'实践的知识'的作用，成为促进教师专业发展的重要内容。新范式下的教师发展则强调教师发展需要学校本位、课堂本位，需要为教师发展创造适宜的土壤，需要将知识与当下的情境联系起来，转变课堂实践。这一脉络化的教师发展实际上就是立足于学校和课堂，以教师为发展主体，教师在教学实践中，集体学习、共同质疑、协同探究、合作建构知识，从而提升自身素质，并实现理论研究所倡导的从作为知识和技能的教师发展，到作为自我理解的教师发展，最后到作为社会生态转变的教师发展。"[1]其实质是通过提升教研活动的有效性，继而促进教师专业发展。

---

[1] 宋萑.教师专业共同体研究［M］.北京：北京师范大学出版社，2015：42.

教研能让教师更热爱教学，能让教师的教育思想趋善，教学理念更深刻、更清晰。教师把教学的过程变成研究的过程，在专家的指引下，同伴的互助下，教师会越来越主动进行自我反思，沉浸在教学之中，享受教学的乐趣，获得工作的成就感，进而保持一种开放的心态，接纳新的教育思想和观念。通过自我反思、借鉴同伴、互动关照，教师可以更好地确立符合时代发展的教育理念和教育思想，更准确地理解教育教学规律，从而改变教学行为，提升自己的教育境界，实现自身的专业发展。

教研能让教师的学科专业知识更精进，专业能力增长更迅速。教师在职前学习中，较为系统地学习了学科知识，在教育见习和实习中对教学方法和技能已有所了解和掌握，在职后的培训中也都会在专业知识和专业能力上有所提升，但总体上来说，在职前培养和职后培训中教师是相对被动的，而在教研活动中，通过教研的合作、研讨，教师不仅可以快速地把培养和培训中学习的学科专业知识重组为教学逻辑系统需要的学科专业知识，而且经过重新建构，学科知识更为精进。与此同时，教研中对学习目标的设定、教学策略的制定、教学媒体的选择和运用、教师设计的评价等，使教师自身在专业能力的循环往复中得以提升，从而不断改变教学行为，提升课堂教学效果。

教师教研促进学生全面发展。中小学教师教研活动的本质在于促进学生全面发展，教师通过参加教研活动，深刻领会国家的教育方针、教育政策，并将这些方针和政策真正在课堂教学中有所体现，形成自己的教学思想。教师既关注自身的教学效果，又关注学生的学习效果；既关注学生智力的培养，又关注学生德、体、美、劳的培养；既关注学业知识的培养，又关注学生的学习能力、人际合作、学习习惯等方面的培育，真正面向全体学生，促进每一位学生的全面发展。中小学教师教研是教师解决教学实践问题的活动，直接指向课堂教学中师生之间的关系，通过对课堂教学问题的诊断和改进，使教师的课堂教学技术和艺术不断提升；通过建构有趣、美感、高效课堂，让课堂焕发出生命的活力，进而促进学生德智体美劳的协调发展，既提高教师教的效益，又提高学生学的效益。

教师教研促进学校内涵发展。中小学教师教研按照一定的程序、规范予以实施，建立了集体备课、课例研究、合作分享、专题研讨、课题研究等制度，已成为学校所有教师的共识。在这一制度建设、运行、完善的过程中，学科教师积极参与，有助于学校形成合作文化；与此同时，教师教研是典型的行动研究，在行动中探究问题、解决问题，有助于学校形成一种探究的氛围，使探究成为教师心理、思维、行为上的一种习惯。而在教研的过程中，学科教师在特定情境中交流、讨论、沟通，分享对同一问题的不同认识、不同看法、不同理解，有助于形成分享的氛围。中小学教师教研是教师之间沟通、交流、协作、相互促进的过程，这一过程也是学习共同体建构的过程，有助于形成一种学习环境，教师共享资源，彼此信任，互助合作，共同发展，从而促进学校文化的形成。

教师教研并非易事，不但要有制度保障，更需要不断激发教师从事教学研究动机，这是因为："第一，教师教学研究的问题是自己在教育活动中产生的问题，需要教师对自己的教育行为进行质问和反思，原有的、确信的知识、观念、方法都有可能成为被怀疑的对象，这需要教师有极大的勇气；第二，教师没有经过专业的教育科研知识、方法的培训，缺乏相关的知识和操作方法，科研能力相对薄弱；第三，教师繁重的教学工作与教研活动存在着一定的冲突，有时两方面的工作难以协调；第四，许多教师平时耽于教学事务，很少涉足教研，缺乏教研成功经验；第五，以学生的学业成绩评价教师教育教学能力水平高低的观念还根深蒂固，教研水平还未能成为评价教师的硬指标。"[1]因此，建立健全教研激励机制，为教研活动创造良好的条件，不断激发教师教学研究动机更显重要。

[1] 胡润珍，刘国铭.浅谈教师教研动机的激发[J].教育导刊，2008（7）：61–62.

第二节　中小学教师教研制度演进历程

一、建立教研机构

我国教师教研早在晚清时期就已有萌芽。清末民初，我国建立了校内外教研组织，推动了传统教师的现代转型。民国后期，我国已经形成学校和区域两个层面的教研组织，教育主管部门和学校通过教研组织规范、管理教学，推进教学研究。[1]中华人民共和国成立后，我国实行新的教育方针和教育内容，为了满足教育需要和保证教育质量，初步建立了各级教研室（组）制度，以推动教学研究，不断改进教育工作。

我国建立各级教研室（组）制度推进教学研究是从中小学校开始的。1952 年 3 月，教育部颁发的《中学暂行规程（草案）》和《小学暂行规程（草案）》（以下简称"两规程"），对中小学学科教研组的建立和学校教学研究会议制度作了明确的规定。《中学暂行规程（草案）》第三十三条规定："中学各学科设教学研究组，由各科教员分别组织之，以研究改进教学为工作目的。每组设组长一人，由校长就各科教员中选聘之（在班级数较少的学

---

[1]　胡艳.教研组织百年历程与中国教师的现代化[J].教师发展研究，2018（4）：107–117.

校，教学研究组得联合性质较近的学科组织之）。"[1]第三十七条规定："各科教学会议由各科教学研究组分别举行之，以组长为主席，校长、教导主任分别参加指导。其任务为讨论及制定各该科教学进度、研究教学内容及教学方法。各科教学会议每两周举行一次，必要时得举行各组联席会议。"[2]《小学暂行规程（草案）》第三十七条规定："教导研究会议：由全体教师依照学科性质，根据本校具体情况，分别组织研究组，各组设组长一人，主持本组教学研究会议，研究改进教学内容和教导方法，并交流、总结经验。教导研究会议，每两周各举行一次，必要时得召集临时研究会议；并得联合各研究组，举行联系会议。规模较小的小学，不能举行教导研究会议的，得由同地区内几个小学联合举行。"[3]"两规程"是我国有关教研组最早的规章依据，它的出台标志着教研组以国家文件的形式在我国中小学正式确立。

在中小学建立学科教研组的同时，主管部门开始建立区教学（教育）研究室，并把它作为地方教育行政领导管理地方教育教学工作的重要机构。1952年教育部颁发的《小学暂行规程（草案）》要求："市、县得按照行政区划和小学分布的情况，选择区内一所或两三所基础比较好、地点比较适中的小学为中心小学。在教育行政部门领导和工会协助下，组织区内各小学进行业务研究、政治学习，并交流经验。"[4]1954年，教育部在《关于全国中学教育会议的报告》中提出"为了加强中学的业务指导，在地方党委和政府的批准下，可以成立教育研究室，负责管理当地中学的教学研

[1] 何东昌 . 中华人民共和国重要教育文献（1949—1975）［G］. 海口：海南出版社，1998：140.1.

[2] 何东昌 . 中华人民共和国重要教育文献（1949—1975）［G］. 海口：海南出版社，1998：140.1.

[3] 何东昌 . 中华人民共和国重要教育文献（1949—1975）［G］. 海口：海南出版社，1998：140-144.

[4] 何东昌 . 中华人民共和国重要教育文献（1949—1975）［G］. 海口：海南出版社，1998：140-142.

究与教师学习问题。教研室的人员可在当地编制之内，予以调剂"[1]。20
世纪 50 年代中期，为了深入了解和掌握学校教学工作的情况，有些省市
教育厅（局）建立了教学研究机构，对改进教学提高教学质量起到一定的
作用，但由于缺乏经验，实施过程中还存在一定问题。为了进一步研究和
解决这些问题，1955 年，《人民教育》以短论的形式发布《各省市教育厅
局必须加强教学研究工作》，提出教学研究机构的主要任务是：了解教学
情况，检查教学质量；搜集、研究、总结和推广教学经验；组织和领导教
学研究会。[2]此后，各地中小学教研组以及省市级、区县教研室纷纷成立，
在研究教育教学问题中发挥了重要作用。

全国大部分省区教研室和地方教研机构的相继设立，标志着我国教研
制度的正式确立。建立专门教研机构，从省、地（市）、县各级教研组织
机构上对教研工作予以保障；组建教研员队伍，有专门的人员从教学岗位
分离出来从事教研工作，教研不再仅仅是学校教师的活动，也是专门人员
的专职工作，从人力资源上保证了教研工作的持续、有序进行；教研规章、
教学计划得以顺利推进的力量，中小学教研组从制度上保证教研工作的有
效开展。

1957 年，教育部发布《关于中学教学研究组工作条例（草案）》，这
是新中国历史上第一个以教研组为主题的正式文件，明确规定了教学研究
组的任务是"组织教师进行教学研究工作，总结、交流教学经验，提高教
师思想、业务水平，以提高教育质量"。文件进一步规范了中学教研组的
性质、定位和工作内容，并对教研组的设置及组织管理问题进行了原则性
的规定，在一定程度上规范了中学教研组的教学研究，标志着教研工作进

---

[1] 《中国教育年鉴》编辑部 . 中国教育年鉴·地方教育（1949—1984）[M]. 长沙：湖南教育出版社，
1986：163.

[2] 各省市教育厅局必须加强教学研究工作 [J]. 人民教育，1955（11）：17-18.

一步系统化、规范化，标志着中学教师从仅凭个人理解来组织教学，转而成为依靠集体讨论研究进行教学活动，从而开始建立了中学教学质量的保障机制。同时，随着我国中小学教育规模的不断扩大，学科设置从主要以语文、数学、政史地为主到增设音乐、体育、外语、生物等多学科，全国各省（自治区、直辖市）、市、县教研机构中也不断丰富教研学科，学科教研组日渐完备，教研网络初具规模。

这一时期，"为了结合新中国成立初期教育和社会发展的基本特征，中小学教研的主要内容是政治、文化、业务学习，除此之外，教研最初的'教学研究'一般以集体钻研教材教法为主"[1]。同时，"有的学校教研组也开展集体备课，互相听课及观摩教学开始成为教师学校生活的一种常规"[2]。到 20 世纪 60 年代初期，中小学教师的素质能力难以适应我国教育事业的迅猛发展，在这种情况下，各地教研机构的主要任务是培训中小学教师，组织力量编写相关教材和教学参考资料，以提升教师队伍的整体水平。

二、教研组织重建与教学研究的不断推动

"文化大革命"时期我国中小学教育事业遭到严重破坏，各级教研组织的教学研究活动无法正常开展，几乎处于瘫痪状态。"文化大革命"结束后，为适应当时教育发展的需要，各地相继恢复了各级教研组织，并纷纷出台制度性文件，对省、地（市）县教研室的人员编制、队伍建设、研究任务、领导管理等问题作出明确规定。仅以山东省为例，"1986 年，山

［1］ 雁汀.规模较小的中学的教研组应怎样进行工作？怎样组织？［J］.人民教育，1955（12）：63-64.
［2］ 董渭川.如何分析一堂课［M］.武汉：湖北人民出版社，1956：24-25.

东省教研室全年召开省级教学研究会议 49 次，包括教材教法会、备课会、讲习会、学术报告会、经验交流会、课堂教学观摩会、评比会等。全教研室听课 500 多节，参加市地会议 70 多次，指导撰写论文 600 多篇，编写幼教、中职、体育教材和各科教参几十种"[1]。到 20 世纪 80 年代中期，逐步形成了"县（市）区、乡、校"为一体的农村教研网和以"市教研室、市内教研协作区、学校教研组"为一体的城市教研网，并主要开展了多种形式的教材教法进修活动：指导教师过好教材、教法关，提高课堂教学质量；加强教师的政治觉悟和对教育理论的学习与研究；开展教学实验，探索教学规律，推动教学改革，各级教研组织总结、交流、宣传教学研究成果，以不断提高中小学教学质量。这一时期，"教学研究除了开展教材教法研究，帮助教师学习教学大纲、教学计划和教材外，各地还开展各项教学改革实验，如 1982 年，内蒙古自治区教育厅批转了自治区教研室《关于开展教改实验和办实验小学的几点意见》，拟定在全区 11 个盟市开展小学蒙语文、思想品德等六类和中学蒙语文等九类教改实验。从 1981 年到 1985 年，宁夏回族自治区教研室把中学教研的重点放在初中，加强了初中教育改革和教学的研究，组织了初中教育教学质量评估及初中语文、数学、化学等学科教学方法改革实验，并提出：初一要着力研究中小学衔接过渡，起点入轨；初二重点研究防止分化，尽力缩小掉对面；初三要抓好系统提高，查漏补缺"[2]。

20 世纪 80 年代中期至 90 年代末，我国基础教育教学研究制度日臻规范，各地专职教研组织机构齐全、教研员配备充足，教研组织承担了课程改革、教师培训、教材编写、考试命题、教学研究等多项重要工作。1990 年，

---

[1] 山东省教学研究室．辉煌 50 年（1956～2006）：山东省教学研究室成立 50 周年纪念［M］.济南：山东教育出版社，2006：60.

[2] 梁威，卢立涛，黄冬芳．撬动中国基础教育的支点——中国特色教研制度发展研究［M］.北京：教育科学出版社，2011：102.

国家教委颁布《关于改进和加强教学研究室工作的若干意见》（以下简称《教研若干意见》），对当时条件下教研室的性质、职能、任务、工作制度等方面作了比较详细的规定，明确提出：教研室是地方教育行政部门设置的承担中小学教学研究和学科教学业务管理的事业机构。省、地（市）、县（区）都要设立教学研究室。各级教研室在当地教育行政部门的领导下进行工作，并接受上级教研部门的业务领导。必须立足于大面积提高中小学教育质量，深入教学第一线，面向所有学校，面向全体学生……立足于提高教师的思想政治和文化、业务素质，热情帮助教师探索、掌握教学规律，不断改建教学工作……组织多层次、多形式的研究活动，帮助广大教师执行教学计划，钻研、掌握教学大纲和教材，不断改进教学方法，努力提高课堂教学效益。自此，全国范围内各省（区、市）各级教研部门都陆续研制并颁布了政策文件，明确本地教学研究室的基本要求、工作职责及教研员任职条件等，进一步规范了各级教研组织和专职教研员的工作，为保证教学研究的推进打下坚实基础。为了切实落实《教研若干意见》，国家教委从 1991 年下半年到 1995 年上半年，共举办 6 期教研室主任（教研员）研修班，国家层面的培训有三期，培训效果主要体现在三个方面："一是观念有所转变。通过大教育、大教学、大教研的学习，对教研工作有了新的认识。二是理论素养有所提升。通过学习现代教育科学，从以往的经验上升到理论层面进行思考。三是建立交流网络。从原来的各自为战，转变到主动与兄弟省市进行沟通，通过交流经验更好地解决问题。"[1]基于教研室制度的日渐规范和教研员队伍建设的不断加强，各地教学研究有了长足进展。为了进一步加强教研部门建设，推动教学研究不断深入发展，

---

[1] 梁威，卢立涛，黄冬芳.撬动中国基础教育的支点——中国特色教研制度发展研究［M］.北京：教育科学出版社，2011：124.

1994 年，国家教委印发《关于对部分省级教研部门教研工作进行检查评估试点工作的通知》，分别对天津、安徽、黑龙江开展层级教研部门评估。这一对省级教研部门的评估带动了省（市）级教研部门对地方（或区县）教研室的督导和评估，如青海省下发《青海省各级教研室工作检查评估方案（试行）》，有效推动了教研制度的规范化。

课程改革要求进一步推动教研制度建设。从 1985 年，中共中央颁发《关于教育体制改革的决定》，到 1993 年中共中央、国务院印发《中国教育改革与发展纲要》，再到 1999 年中共中央、国务院出台《关于深化教育改革全面推进素质教育的决定》，各种相关的改革特别是课程改革随之开展，从 1986 年到 1992 年国家教委先后颁布了几个义务教育教学计划，如 1986 年的《义务教育全日制小学、初级中学教学计划（初稿）》、1988 年的《义务教育全日制小学、初级中学教学计划（试行草案）》、1990 年的《现行普通高中教学计划的调整意见》、1992 年的《九年义务教育全日制小学、初级课程计划（试行）》，这一系列课程改革的推进，对学校、教师和教学提出了更高要求，对教研制度的需求亦更迫切。这一时期，教研组织除了承担对教师开展新教材、新课标的培训外，还承担课程方案的制定和教材的编写，更为重要的是加强对中小学各学科课堂教学的指导，各级教研员深入学校进行听课，通过评课、与校领导和教师研讨，针对课堂教学中的具体问题进行指导和修正，规范教学实践。

这一时期，我国教育科研得到长足发展，在科研的引领下，通过课题研究的形式，使用比较规范的科研方法开展教学研究，将教学问题作为课题开展研究，并将研究结果应用于教改实验，以教学方法改革为突破口，有效解决教学问题，以科研的方式使教学研究的广度和深度有了较大程度的发展。

三、校本教研

1999 年，我国启动实施"素质教育"改革，亦是从这一年开始，教育部组织、设计面向 21 世纪的基础教育新课程体系，教育部基础教育司正式成立了"基础教育课程改革专家工作组"，新世纪教育课程改革实施在即。2001 年 6 月，教育部颁发《基础教育课程改革纲要（试行）》。从 2001 年秋季开始，我国义务教育阶段进行新一轮基础教育课程改革试验，到 2005 年义务教育阶段起始年级学生全部进入新课程改革试验，到 2007 年全国普通高中起始年级全部进入新课程改革。新一轮课程改革，不仅是教材的变革，而且还涉及课程结构、教学方式等课程管理等方面的改革。

在新课程改革实施过程中，省、市（地）、县教研组织和各学科教研员根据各级教师日常教学中遇到的多种多样问题，开展各学科新课程标准、大纲、内容的培训，让广大教师领会教学大纲、课程内容，又通过听课、评课、赛课等多种方式解决具体教学中的实际问题。同时，教师通过不断学习、不断反思，教学研究能力得到提升。学校在教改中的作用日渐凸显，通过依靠和借助大学课程研究中心、各级教研室的专业人员的支持和帮助，基层学校开始尝试各种各样的教研活动，校本教研在基础教育课程改革的实验中应运而生。

官方正式提出校本教研这一概念是在 2002 年 12 月初，教育部基础教育司、基础教育课程教材发展中心在江苏无锡召开了"以校为本的教研制度专题研讨会"。12 月 18 日，教育部印发《关于积极推进中小学评价与考试制度改革的通知》，明确提出学校应建立以校为本、自下而上的教学研究制度，鼓励教师参与教学改革，从改革实践中提出教研课题。校本教研制度正式出现在国家教育行政部门的文件中。2003 年，教育部颁发《普通高中新课程方案（实验）》再次强调"学校应建立以校为本的教学研究制度，鼓励教师针对教学实践中的问题开展教学研究，重视不同学科教师的交流与研讨，建设有利于引导教师创造性实施课程的环境，使课程的实施过程成为教师专业成长的过程。学校应与教研部门、高等院校建立联系，形成有力推动课程发展的专业咨询、指导和教师进修网络"。教育部明确了在以校为本的教学研究中，应依托教研部门和高等院校，建立多方联系，着重强调个人反思、同伴互助、专家引领的有机结合、共同参与；强调理论指导下的实践性研究，是教师改善自身行为的反思性实践和专业成长的过程，既能保证校本教研的实效性，又能保证校本教研的高质性，进而实现教师专业成长。

2004年9月，教育部创建以校为本的教研制度建设基地项目专家组在上海召开工作会议，正式确立全国30个省（自治区、直辖市）的84个区县为全国首批"创建以校为本的教研制度建设基地"，全面开展以校为本的教研制度的探索。校本教研是为了适应学习型社会研究和教师终身学习教育理念的需要而产生的，也弥补了自上而下建立起来的各级教研室开展教学研究不足的问题。在校本教研的过程中，教师们通过专家指导、同伴互助、互相切磋、不断反思，提高教学效果，并促进专业发展。到2007年5月，该校本教研建设基地项目组召开了4次全国性会议，各省教研室代表交流校本教研取得的成效和经验。在支持以校为本的教学研究中，专职教研部门成为重要的组织者、实践参与者和指导者，并积累了形式多样、效果显著的经验和成果，有效促进了学校教研的发展和规范。

在国家政策的指导下，在地方实践的探索中，各地也研制和颁发校本教研制度工作方案，如青海省下发《青海省"以校为本"教研制度建设实施方案》和《青海省中小学2006—2010年创建校本教研制度五年规划》，福建省印发《关于加强和完善校本教研制度建设的指导意见》，江西省印发《江西省建立以校为本教学研究制度2005—2007年行动计划》，河北省出台《关于全面推进以校为本教研制度建设的意见》，等等。

各省（区、市）以"校本教研基地"为抓手，各级教研室教研员深入到学校与教师共同开展课题研究，通过体验课程，解决教师在教学实践中面临的各种问题，用高质量的研究成果为学校、为教师提供理论指导和支持，有效促进了教师专业深度发展，校本教研成为学校发展的动力。

四、多种形式的教学研究

21世纪是一个多元的时代，随着信息化、人工职能的快速发展，教学研究也面临无限的可能与挑战。在这样一个时代，教师教学研究也不再是一个单一的概念，而是出现了多样的形式。在教学研究中，为了促进教师专业发展和专业成长，逐渐出现了"教科研训一体化""研训一体""研修一体"的概念，如2012年国务院发布的《关于加强教师队伍建设的意见》提出采取"校本研修"模式，开展教师培训。2018年，中共中央发布的《关于全面深化新时代教师队伍建设改革的意见》四次提出加强教师研修。"既有教研，又有教科研，又有研修等多种形式的培训、教学研究制度出现，不再单独强调某一方面。这也成为各级教研室研究的发展趋势。省级层面，教研室、教科所（室）与教师进修院校合并，教研只是其中一个职能，如湖南、海南、安徽等省均采取这种方式。"[1]在区县级层面，教研室、教科所、电教站（馆）等部门也不断合并，进行职能整合。[2]

在各级教研室职能整合的过程中，在以校为本的教学研究中，也呈现出多样性的特点：一方面，学校内部各学科教研中既有面对面的集体备课、

［1］梁威.触摸中国基础教育的脉动 —— 中国特色教研制度区域发展的回顾与展望［M］.北京：教育科学出版社，2011：2-5.
［2］徐钟灵.多功能多模式多角色强师资 —— 新型县级教师培训机构发展模式个案分析［J］.中小学教师培训，2014（10）：16-19.

教学研讨，也有为了适应信息时代的发展而出现的网络教研，随时交流，不再局限于所谓的"半日教研"，[1]各校的教科研网站成为教研的新平台，出现了"聚焦新视点""走进新理念""透视新课程"等资讯平台，以及"大家有话说"等教科研论坛形态的互动平台，每个平台下都会有备课、教研主题、思维化、专业引领等网络教研；另一方面，"自发的校际教研也开始出现，建立起城乡校际、联片校际、同类校际、集团化学校等教研共同体，合作开展教研"[2]。与此同时，随着高等院校、教研组织和学校联合推进中小学教师专业发展理念的不断深入，伙伴合作教研也大量出现，最典型的是教师进修学校和中小学的合作教研，形成了专业引领、校际联盟、课题研究等模式；此外，还有大学与中小学的伙伴合作教研、大学与区域教育行政和中小学校的合作，以及名师工作室、名师工作坊等。这些多种多样的联合体，"是集教学、研究、培训于一体的教研共同体，其目标有三：一为培养与培训教师，二是开展有针对性的教研活动，三是促进学校整体改革"[3]。它体现出教研、培训之间的密切关系，体现了教研的专业性、实践性、场域性的特征，有利于教师在实践中专业成长。

[1] 杨娟.半日教研：内涵、基点与路径选择［J］.中小学教师培训，2014（1）：35-38.

[2] 徐和平，来尧林.校际教研共同体［M］.上海：上海教育出版社，2010：4.

[3] 胡艳.教研组织百年历程与中国教师的现代化［J］.教师发展研究，2018（4）：107-117.

第三节　学校教研组及其制度

教学是学校最为核心与最为基本的活动，教研组是专门服务于教学活动的组织，教师是教研组的核心成员。

一、教研组的基本结构

教研组由学校教师按照任教学科分组而成，如语文教研组、数学教研组、英语教研组，等等。然后，在各个学科教研组内部再按照年级分为教研小组或称备课组，如初一备课组、初二备课组，等等。每个年级都会有若干个不同学科的备课组。"教研组是否完备由学校规模决定，通常班级规模为24—30个班级的学校，会有较全的各个学科教研组；班级规模在15—20个班级或5—12个班级的学校，通常有语文教研组、数学教研组、外语教研组，或者相近学科组成的理科教研组、文科教研组、艺体教研组（音体美）等，或者科任教研组（非语数外的其他学科），抑或有综合学科教研组，主要有拓展探究、综合实践课程教研组；此外，有些小规模乡村学校没有教研组。"[1]

---

[1] 梁威，卢立涛，黄冬芳.撬动中国基础教育的支点 —— 中国特色教研制度发展研究 [M].北京：教育科学出版社，2011：176.

每个教研组设有组长，一般由学校任命。教研组长要就自己所在学科对学校负责，有责任组织和督促各个备课组开展活动。各个备课组也设有组长，一般由教研组长指定。教研组长、备课组长通常由教学水平高、组织能力强、在教师中享有较高威望的教师担任。备课组是学校最基本的教师团队，"教师通常都是从事相同的教育教学工作，面临共同的课题，在教育教学中可能会遇见相同或相似的问题，因此就可以针对同一问题展开沟通和交流，进行深度反思和会谈，充分展露思维的差异性，不断进行团体思想的柔性碰撞，不断增进集体思维的敏感度，使团体成员相互分享同伴的智慧，从而取得个人独自所无法达到的认识上的收获"[1]。

二、教研组的主要任务

教研组最为频繁的活动则为集体备课、听课评课、通过编写试卷和分析试卷评价学生。在这一活动中大家相互学习、共同研究，发挥优秀教师和学科骨干的引领和辐射作用，带领青年教师，帮扶薄弱教师，让教师在合作互助中实现专业成长。

所谓集体备课，其主要内容是对即将进行的教学，一般提前一周或两周，在每个教师事先分头准备后，由组长组织备课组全体成员共同备课。集体备课是对区域内所规定的学科进度、要求、深度等内容的具体落实。通常情况下集体备课有固定的活动制度，如每周一次或两周一次。在集体备课中，由一位教师主讲，针对具体课的目标，说明基本思路、重点、难点，具体到如何设计引入、如何讲解、如何提问、提问什么、做什么课堂练习、留什么作业等，再经大家讨论，提出修改意见和建议，并形成基本教案。

---

[1] 刘钊.教师专业实践：在课堂教学反思中自主发展 [J].中国教师，2009（11）：46-48.

每位教师根据自己学生的差异加以调整，但大致思路和教案框架基本不变。在集体备课的过程中，教师们通过学习教学大纲和教材、研讨教法等，提升专业能力。"集体备课是一个学习交流和资源共享的平台，教研组长可以利用它组织教师开展集体研读大纲和教材、分析学情、制定教学计划、分解备课任务、审定备课提纲、反馈教学实践信息等系列活动。集体备课可以发挥集体的智慧，统一教学思想，统一课时安排，统一课堂的三维目标，帮助教师加深对教材的理解，拓展教学思路，制订出切实可行的教学策略。"[1]

听课、评课是教研组活动的又一种形式，教师之间相互听课、互相观摩、互相启发。这种听课、评课特别有利于新教师的成长，也有利于促进有经验教师提升教学水平。这种活动是学校日常教学研究中最稳定的组成部分，在每个教师的专业成长过程中都发挥着举足轻重的作用。其中，听课可以是个别教师之间的活动，也可以提升为公开课或课例观摩。日常相互听课被认为是一种有利于教师持续专业发展的有效途径，是改善教学质量的重要因素。当同事互相开放自己的教室，教师就有了互相切磋教学问题的伙伴，可以说，同事之间在教学上的开放和互相支持正是发展优质教育的重要资源。所谓课例观摩是以课例为载体的教学研究活动，它是教师个体或教研共同体在一定教育理论的指导下，围绕如何上好一节课，对这节课的全部或若干环节的设计、实施、成效、问题等，进行分析、反思、改进、完善的专业性研究活动。"课例观摩为教师提供了难得的机会去学习同行教授同样的课的方法，帮助教师通过研究最佳的、现成的课，深入细致地研习教材，帮助他们发现和弥补个人相关内容知识点的不足，给他们提供了一个有意的情境让他们去寻求更深刻的理解，和与同伴进行更广

[1] 吴长晖.建设一个充满活力的语文教研组 [J].中国教师，2008（24）：24-25.

泛的交流。"[1]听课或课例观摩要落到评课上，评课是一种畅所欲言的研讨，参与听课或课例观摩的所有成员都应先整理好自己采集到的课堂教学信息，进行独立的诊断和分析，然后进行集中的基于研究主体的课堂教学研讨。讲课教师综合研讨意见与建议，再一次进行教学设计和课堂实践，大家再次进行课例观摩、课后研讨、教学改建。多次循环往复，直至基于主题研究的课堂教学取得满意的教学效果。在多次的课例观摩后，教学问题基本得到解决，研究演进的主线或脉络逐渐清晰，基于研究主体的结论与观点在一次又一次的研讨中被总结提炼出来，最后形成观点鲜明、思路明晰的研究报告。在这一过程中教师们集教研、科研、学习、训练于一身，可有效促进专业成长。

教研组还承担常规考试的试卷编制和试卷分析任务。目前，常规考试主要分为学校考试和地区考试两类。虽然，当前我国不断开展考试制度改革，不断增加综合考评，但学校的常规考试还是由学校自己出题，教研组则承担了编制试卷和试卷分析的任务。考试一方面可以考评学生，另一方面帮助教师也能帮助教师发现教学中的问题和漏洞，便于在后续教学中矫正。

教研组是教师提高专业能力的平台，教研组在教研活动中，应避免同水平重复。根据上海中小学实施的效果来看，"同层级的横向支援，明显缺少纵向的引领，尤其是在当今课程发展正处于大变动的时期，先进的理念如若没有以课程内容为载体的具体指引与对话，没有课程专家与骨干教师等高一层次人员的协助与带领，同事互助常常会呈现同水平重复"[2]。因此，国家倡导高等教育、研究机构和中小学协同培育中小学教师，提升

---

[1] 胡庆芳.课例研究的作用、特征和必要条件：来自日本和美国的启示[J].外国教育研究，2006（4）：29-33.

[2] 顾泠沅.专业引领与教学反思[J].上海教育科研，2002（6）：1.

教研质量，在这一过程中，将课堂改进与理论学习融为一体，建立中小学与教师进修院校联合的基于教学行动的学习共同体，将教师的教学、研究和进修整合起来。针对"在课程教学改革的过程中，怎样的专业指导对教师的专业成长最大？"这一问题，调查研究显示其中课改专家与经验丰富的教师共同指导课程教学的作用占 36.7%。[1]

---

[1] 周南照，赵丽，任友群.教师教育改革与教师专业发展：国际视野与本土实践［M］.上海：华东师范大学出版社，2007：314-329.

第八章

教师专业发展未来展望

　　百年大计，教育为本；教育大计，教师为本。2018年1月，中共中央、国务院印发《关于全面深化新时代教师队伍建设改革的意见》，明确提出"遵循教育规律和教师成长发展规律，加强师德师风建设，培养高素质教师队伍"。2018年9月，在全国教育大会上，习近平总书记指出，国家就教育改革发展提出一系列新理念新思想新观点，其中包括"坚持把教师队伍建设作为基础工作"，突出了教师建设的重要性。2019年2月，《中国教育现代化2035》进一步提出："建设高素质专业化创新型教师队伍。大力加强师德师风建设，将师德师风作为评价教师素质的第一标准。……完善教师资格体系和准入制度。健全教师职称、岗位和考核评价制度。培养高素质教师队伍，健全以师范院校为主体、高水平非师范院校参与、优质中小学（幼儿园）为实践基地的开放、协同、联动的中国特色教师教育体系。强化职前教师培养和职后教师发展的有机衔接。夯实教师专业发展体系，推动教师终身学习和专业自主发展。"这明确了高素质专业化创新型教师队伍是加快教育现代化的关键，其中的专业化是现代化的品质，是提高现代化质量的重要保障。国家的政策规定为教师专业发展指明了方向。

第一节 树立符合社会变迁下的教师专业发展的新理念

当今社会发展变化日新月异，在信息化、网络化、智能化、数据化、国际化这一大背景下，我国千百年来形成的"传道、授业、解惑"这一教师基本使命和主要任务已不能全面反映现代教育和现代人才培养的要求，不能满足学生发展的需要。与此同时，教师传授知识的单一特性发生改变，知识的获得变得多元和快捷。随着知识的不断丰富，一个世界的多种声音和一个问题的多种答案都将成为常态。师生关系在多变的社会变迁中也将会发生变化，教师的单向传授逐渐被师生的双向交流、多向交流所替代。尤其随着现代信息技术和人工智能的发展，"传统的讲授将被丰富生动和更具有针对性的信息传播所替代；机械练习、作业批改将被人工智能取代"，但由于人类所具有的动物性、社会性、情感性等复杂性的特征，决定了教师并不能被简单地取代，反而要求"教师的工作内容将聚焦于更复杂、更富于情感性、更富有创造性和艺术性、更具互动性的'人'的教育活动"[1]。

因此，教师更应该树立专业伦理精神，具备教书育人、立德树人的专

---

[1] 袁振国.未来教育对教师的挑战[N].中国教育报，2017–8–16（3）.

业理念，树立为主体成长服务的信念。为主体成长服务，即为学生成长服务，更是为社会服务，其根源在于"教师承担着向学生施加符合社会要求的责任，这一社会责任便意味着教师与社会之间存在着一种'契约关系'。社会将这些需要接受教育的成员交给教师，期待教师对他们施加符合社会要求的影响。所以，教师必须以教育者的身份出现，完成社会赋予的这一任务，否则，其自身便得不到社会的认可"[1]。

教师专业伦理的服务性要求教师必须拥有精深的专业知识与复杂的专业技能。这种专业知识和专业技能表现为"理解学生发展和学习规律的专业知识并能运用到教育教学中的能力"，需要教师"熟悉学生认知和情感发展、道德和公民性发展、个性和社会性发展、健康和安全发展、艺术和审美发展的规律，具备自觉运用学习科学理论，掌握学习规律，有效开展学习设计、学习实施和学习评价的能力"。[2] 而在技术不断革新的时代，"教师更需具备沟通与交流的能力，在沟通与交流中提高效率；具备批判性思维和问题解决能力，不仅处理现实世界的问题，还要处理虚拟环境中的问题；具备创新和创造能力，发挥教师的个性化、想象力、敏感性以及整合性去创新和创造；共情能力，处理人工智能无法完成的工作，理解学生的处境，感受学生的情感状态。"[3]

[1] 沈璿，宋月辉.教师责任的伦理性与伦理规约[J].教育理论与实践.2010（10）：35-38.

[2] 朱旭东."高素质、专业化和创新型"教师内涵建构[J].中国教师.2017（11）：15-17.

[3] 宋萑，徐淼.第四次工业革命背景下未来教育与教师专业化再构[J].教师发展研究.2018（4）：43-50.

第二节　完善教师专业发展的制度体系

　　经过多年的努力，我国已建立起基于教师培养和教师培训的促进教师专业发展的制度体系。当前我国正处在实现中华民族伟大复兴中国梦的历史进程中，正在坚持把服务中华民族伟大复兴作为教育的重要使命，正在构建德智体美劳全面培养的教育体系，正在构建更高水平的人才培养体系，比历史上任何时期都更加接近中华民族伟大复兴的目标，对教育的期待比以往任何时候都更加迫切，对科学知识和卓越人才的渴求也比以往任何时候都更加强烈。在这样关键的历史时期，国家需要的是有健康体魄、有健全人格、有理想信念、有爱国情怀、有奉献祖国精神、有创新思维、有人文素养、有崇尚劳动的德智体美劳全面发展的人才。培养优秀人才，必须有优秀教师，这决定了教师专业发展也需要不断地完善制度体系。

　　在教师培养中，应通过提高师范院校办学质量，提高教师质量，不断完善符合时代特性的教师专业伦理，以德立身、以德立学、以德施教、以德育德，坚持教书与育人相统一、言传与身教相统一、潜心问道与关注社会相统一、学术自由与学术规范相统一，全心全意做学生锤炼品格、学习知识、创新思维、奉献祖国的引路人。在专业知识的获得中，在了解学习科学的基础上，学习科学精神，掌握系统的学科知识，具备较强的学科能力，理解学科本质，学习跨学科知识，打好信息技术能力基础。

在教师培训中，应不断创新教师培训的方式方法，加强基于教育实践基础上的教师培训，在行动中推动培训，强化个性化的服务培训，根据教师的个性化需要和不同的教育实践需要，提供量身定做式的课程服务，解决教师在具体的教育实践中面临的教育问题和困惑，加强教师将信息化与教育教学深度融合中的能力素质的培训。

教师专业发展需要更加关注教师教育的一体化，突破教师职前培养、入职和职后培训割裂的教育模式，建立高校、政府、中小学校职前职后衔接的人才培养机制。这不仅需要时间上的一体化，更需要空间上的一体化。"在时间的维度上，职前、入职与职后教育的一体化，关键在于如何将基于研究的教师教育理念贯彻始终，以此培养具有研究能力的教师，该理念如同一条主线突破了时间碎片化和发展阶段化的局限。""在空间的维度上，如何将师范院校、实习学校以及师范生未来的工作单位联合起来，需要教师教育机构内部以及不同机构之间的通力合作。"[1]通过专业学院与教育学院的机构整合、频繁多次的教育实习以及校本化的专业发展活动，有效搭建教师在理论认识与实践工作之间的桥梁，提升教师在不同空间机构之间转换的适应能力。

---

[1] 魏戈.教师教育一体化的芬兰经验［J］.外国中小学教育.2019（1）：44-51.

第三节 以终身学习推动教师专业发展

时代的快速发展，国家对各类人才需求的不断变化，都需要教师不断"强师能"来实现自己的专业价值。正所谓育有德之人，需有德之师，如果教师无法适应快速变化的时代，就不能根据教学出现的新情况、学生出现的新变化做出应对。因此，终身学习必将成为教师的基本素养，教师的不断学习、终身学习将成为伴随教师一生的基本生活方式，成为一种人生的永久体验。不断强化学习意识，增强学习动力，自觉改进学习方式方法，也将成为一名合格教师的必备素质。教师通过终身学习，更好地引领和培养学生，让他们更好地应对世界的挑战。

教师终身学习需要教师具备良好的学习素养。这一学习素养的积累需要以学生学习为基础，在发现学生学习过程中出现的问题的基础上深入开展，主要体现在以下几个方面：

第一，不断学习科学知识。知识内容不再是一成不变的，而是不断丰富的，且学生与教师之间对知识的理解也有代际差别，教师需要在观察学生活动后，描述、分析和解释相关知识，即需要教师用术语来指代和关联学习过程中的要素，以有效促进学生的学习，这就需要教师不断拓展、更新知识内容并不断使之系统化。

第二，加强构建知识的技术能力。随着各个学科领域的持续发展和学科领域的相互交叉，知识爆炸式的增长，虽然获得知识的途径已更丰富，但知识是碎片化的，因此，为了减少学生琐碎的知识细节及记忆，教师应具备整合知识的能力，厘清知识结构，帮助学生形成良好的认知结构，引导学生进行更有深度、更为广泛的知识探索。

第三，强化解决问题的应用性学习。学生学习应从现实问题入手，以促进解决问题素养的系统养成。这就需要教师不断加强学科前沿主题和最新成果的学习，从学生的角度，了解他们具体实践中可能遇到的问题，从而服务于学生现实问题的解决或激发他们参与学习的兴趣，进而通过"找出关键词"的具体办法，帮助学生解决问题。

教师专业发展是一个复杂的过程，国际教师教育论坛研讨曾形成一种共识，即"一批符合恰当条件、拥有奉献精神且具备专业能力的教师是实现优质教育的前提条件"。"教师的专业能力可以通过教师教育结构的正式课程获得，但是，要成为一名有效的教师，他还必须具备奉献精神、责任感、正直感和对教育的热爱等基本品质和特征。这些需要教师经历一个整体的体验过程，而这一过程更恰当地说是属于价值教育和人格养成领域。"[1]因此，教师专业发展是终身学习的过程，教师的奉献精神是专业知识和专业能力不断提升的前提和基础，需要在教师教育过程中不断呈现。正所谓"常有育人智慧，永含爱生情怀"。

---

[1] 周南照，赵丽，任友群.教师教育改革与教师专业发展：国际视野与本土实践［M］.上海：华东师范大学出版社，2007：175.

参考文献

（一）图书

[1] 何东昌. 中华人民共和国重要教育文献（1976—1990）[G]. 海口：海南出版社，1998.

[2] 何东昌. 中华人民共和国重要教育文献（1949—1975）[G]. 海口：海南出版社，1998.

[3] 何东昌. 中华人民共和国重要教育文献（1991—1997）[G]. 海口：海南出版社，1998.

[4] 何东昌. 中华人民共和国重要教育文献（1998—2002）[G]. 海口：海南出版社，2003.

[5] 赵中建主译. 全球教育发展的历史轨迹——国际教育大会60年建议书（1934—1996）[M]. 北京：教育科学出版社，1999.

[6] 瞿葆奎主编，马骥雄选编. 美国教育改革 [M]. 北京：人民教育出版社，1990.

[7] 袁振国. 中国教育政策评论2002 [M]. 北京：教育科学出版社，2002.

[8] 顾明远，檀传宝. 2004：中国教育发展报告——变革中的教师与教师教育 [M]. 北京：北京师范大学出版社，2004.

[9]《中国教育年鉴》编辑部. 中国教育年鉴（1949—1981）[M]. 北京：中国大百科出版社，1984.

[10]《中国教育年鉴》编辑部.中国教育年鉴 2002[M].北京：人民教育出版社，
　　　2002.

[11]《中国教育年鉴》编辑部.中国教育年鉴·地方教育（1949—1984）[M].长沙：
　　　湖南教育出版社，1986.

[12] 教育部师范教育司.教师专业化的理论与实践[M].北京：人民教育出版社，
　　　2003.

（二）报纸杂志

[1] 常道直.世界教育专业组织与国际和平[J].教育杂志，1947（1）.

[2] 孙屏鹤译.《教师的政策》——"经济合作发展组织"的报告[J].国外社会科
　　　学文摘，1985（8）.

[3] 李瑾瑜，王建."国培计划"对我国教师培训的创新性贡献[J].教师发展研究，
　　　2017（2）.

[4] 朱伶俐，张丽，王瑞娥."国培计划"的政策演进与实施路径研究[J].当代继
　　　续教育，2018（5）.

[5] 教育部教师工作司负责人就《教育部财政部关于改革实施中小学幼儿园教师国
　　　家级培训计划的通知》答记者问[J].中小学教师培训，2016(1).

[6] 全国非师范院校教师教育协作会.非师范院校积极参与教师教育行动宣言[J].
　　　中国高等教育，2003（23）.

[7] 袁振国.教师队伍建设的成功策略[N].中国教育报，2002-7-20（4）.

[8] 制定教师专业标准　建设高素质教师队伍——教育部师范教育司负责人就教师专
　　　业标准公开征求意见答记者问[N].中国教育报，2011-12-12.

[9] 扩大中小学教师职称制度改革试点[N].中国劳动保障报，2011-9-30.

[10] 续梅.研训融合促教师专业成长——河北整合县级教师培训机构创建区域性教
　　　师培训中心[N].中国教育报，2005-04-14.

[11] 袁振国.未来教育对教师的挑战[N].中国教育报，2017-8-16（3）.

（三）网站

［1］习近平系列重要讲话数据库：http://jhsjk.people.cn/article

［2］教育部官网：http://www.moe.gov.cn

［3］人民网：http://cpc.people.com.cn

［4］人民日报图文数据库：http://data.people.com.cn/rmrb

［5］上海市人民政府网：http://www.shanghai.gov.cn

［6］重庆市人民政府网：http://www.cq.gov.cn

［7］江苏省人民政府网：http://www.jiangsu.gov.cn

［8］广东省人民政府网：http://www.gd.gov.cn